江门地区学人调查与研究

朱柯　侯宁宁　高东辉　编著

贵 州 出 版 集 团

贵州人民出版社

图书在版编目（ＣＩＰ）数据

江门地区学人调查与研究 / 朱柯，侯宁宁，高东辉编著. -- 贵阳：贵州人民出版社,2022.12
ISBN 978-7-221-17085-9

Ⅰ. ①江… Ⅱ. ①朱… ②侯… ③高… Ⅲ. ①名人－故居－调查研究－江门 Ⅳ. ①K878.2

中国版本图书馆CIP数据核字(2022)第227765号

江门地区学人调查与研究
JIANGMEN DIQU XUEREN DIAOCHA YU YANJIU
朱柯　侯宁宁　高东辉　编著

责任编辑	周湖越　汪琨禹
装帧设计	郑亚梅
出版发行	贵州出版集团　贵州人民出版社
地　　址	贵阳市观山湖区会展东路SOHO办公区A座
	（电话：0851-86828612　　邮编：550081）
印　　刷	贵阳精彩数字印刷有限公司
开　　本	787mm×1092mm　　1/16
印　　张	9.75
字　　数	170千字
版次印次	2022年12月第1版　　2022年12月第1次印刷
书　　号	ISBN 978-7-221-17085-9
定　　价	46.00元

目 录

一、项目概况

五邑地区滨江临海，自宋元时期起，便有大量华人前往海外。清初实行"海禁"与"迁界"政策，加剧了沿海地区人民的困苦，促使农民冒死出洋，加之清廷对于农民反抗的残酷镇压，形成了一个海外移民的小高潮。鸦片战争以后，人口增长、耕地不足的矛盾日益显著，加之清廷剥削益重，外来资本主义的入侵，冲击了小农经济，也逼迫清廷放开海禁与人口管制，而西方列强的殖民扩张又需要大量劳动力，五邑人民在内推与外拉的合力作用之下，开始形成对外移民的浪潮。农民的心态也逐步发生改变，正如民谣所言："喜鹊喜，贺新年；爹爹去金山赚钱，赚得金银成万两，返来起屋兼买田。"越来越多五邑华人怀着此般心态而出国。在第一、二次鸦片战争之后出国的华人，经过二三十年的奋斗，基本已在国外站稳了脚跟，其子女也更容易追随父辈的脚步，出洋务工、经商或者留学。据1897年《中英西江通商条约》，江门墟辟为外国船只停泊及货物装卸站；1902年的《中英续议通商行船条约》议定，江门埠为对外通商口岸，并设立海关。江门埠的开放，客观上带动了上游潭江、西江的漕运和商贸发展（潭江与西江间有江门河、会城河、江门水道连接）。

因此，在27位学人中，朱勉躬、黄学勤、谭太冲等17位学人均有海外留学背景；朱化雨、卫梓松均出生于海外，为外国华侨。谭太冲的家乡台城于台城河边发展出繁荣一时的圆山墟也是题中之义。

（一）项目缘起

2019年7月中旬，广东省人民政府组织团队赴粤北调研，决定成立华南教育历史研学基地。在深入调查国立中山大学、岭南大学、广东文理学院等转移至粤北的院校遗存与史料过程中，又发掘出了一批江门籍近代学人。2019年11月28日，时任广东省副省长许瑞生对《中共江门市委关于江门市开展城市品质提升行动工作情况的报告》进行批示，指出应"寻找挖掘出江门新会、台山籍教育家及法学教授等一批教育家，在他们的旧居或者出生的村镇介绍他们事迹，是可以形成具有内涵的研学线路"。次月，广东省文化和旅游厅下发文件，要求"寻找其相关生平线索，制定研学线路，加强宣传教育，提升人文内涵"。

为贯彻落实省政府领导批示精神及广东省文化与旅游厅文件精神，经协商，广东省文物考古研究所与江门市博物馆等单位决定组成联合工作组，确定了江门地区近代学人调查研究项目的目标、内容及具体实施方式。

（二）项目经过

2020年1月初至3月初，调查组进行了初步的资料搜集工作。3月17日，广东省文物考古研究所与江门市文广旅体局、市博物馆、市非遗中心、市自然资源局共同召开专题研讨会，各单位就实行这一项目的具体事宜进行了讨

3月17日会议现场

论，并拿出了一套较为可行的实施方案。会议确定了项目组成员，明确了项目各阶段任务与时间节点，并制定了《学人遗存登记表》与《学人档案》以规范实际工作。

（三）工作方法及收获

由历史学、考古学、博物馆学、建筑史学、人类学等方面的学者组成的课题组，从2020年1月初起，利用文献考证、田野考古调查、民族学、民俗学、建筑勘查测绘等方法，初步完成了相关文献的收集、梳理、考证，并进

课题组现场测量

行了学人故居实地探访、考察及相关人物的访谈记录。

二、学人生平考证

　　学人的文献查找搜集工作自2020年1月始，以线下与线上两种方式进行。线下文献搜集主要通过档案馆、图书馆等查阅学人档案及资料，因疫情期间防控需要，部分单位暂未对外开放，各图书馆都不同程度地缩短了开放时间与缩小了开放范围，给查阅工作增加了一些难度，但调查小组仍在江门市档案馆查阅到朱勉躬等人未公开发表过的资料。线上文献搜集主要通过检索各资源数据库，如广东省立中山图书馆拥有丰富的数据库，尤其是"晚清期刊全文数据库"，基本满足了报刊类文献的搜集需求，此外，中国知网、维普中文期刊服务平台、万方数据知识服务平台、读秀、民国图书数据库等网络资源亦是本次线上文献搜集的重要渠道。

　　为尽可能全面地搜集资料、统一管理学人信息，调查组在文献查找工作开展之初便制作了《江门地区近代学人个人档案》，针对目标学人逐一建档，在资料搜集过程中根据各人不同情况对各人档案内容实施微调。

　　目前，已掌握许民辉、卢干东、雷瑞林、温文光等27人的基本资料。通过调查，获知王兴瑞非江门籍，应为海南乐会人（隶今海南省琼海市），另广州出生者有卢干东、许民辉2人，朱化雨生于东南亚，卫梓松则在加拿大出生。

（一）朱勉躬（1899—1963）

广东江门人。法学家、教育家。中国民主同盟盟员。青年时期曾参加五四运动，后前往法国南锡大学勤工俭学，获法学学士学位，1924年归国。1925年10月至1950年1月，历任广东国民大学校委员会委员、教授、系主任、法学院院长等。在校期间，他关心教育事业发展，在1928年举行的广东全省教育会议上提出5条提案，1931年春与赵鼎勋于江门筹建国民大学附中江门分校。20世纪30年代，他先后在广东省立法商学院、广东省立第一中学、广东公立法政专门学校、广东行政人员训练所等多所学校兼任教职，并开设朱勉躬律师事务所。1941年至1942年，兼任国立中山大学教授、新生部主任。1942年至1946年，兼任岭南大学教授、教导主任。其后，他在广州重操律师事务。1947年，任广州法政专门学校政治系主任。从1950年起，历任江门各界人民代表会议协商委员会委员、副秘书长，江门市工商联合会调研干事，江门市政协常务委员、副主席。1956年受委托筹办江门市图书馆，任名誉馆长。同年6月，任广东省文史馆馆员。1957年补任广东省政协委员，任江门市第二届政协副主席。1959年任广东省政协委员。1963年3月13日因病逝世。

个人著作

1.《欧战后法意二大帝国主义的冲突》，《民大学报》1928年第1卷第1期。

2.《全省教育会议本校提案全文：增高教育经费案》，《民大学报》1928年第1卷第2期。

3.《全省教育会议本校提案全文：扶助私立大学案》，《民大学报》1928年第1卷第2期。

4.《全省教育会议本校提案全文：编译科学书籍奖励私人著作提倡科学演讲案》，《民大学报》1928年第1卷第2期。

5.《全省教育会议本校提案全文：宜按各地情形设立职业学校案》，《民大学报》1928年第1卷第2期。

6.《护国民党临全大会议决案的感想》，《民风》1938年第1卷第2期。

7.《获得最后胜利之必需条件》，《民风》1938年第1卷第2期。

8.《经已获得的胜利》，《民风》1938年第1卷第3期。

9.《时评："五三"与"五四"》，《民风》1938年第3期。

10.《邓仲元先生遇害前后二三事》，载中国人民政治协商会议广东省委员会文史资料研究委员会编：《广东文史资料第4辑》，广东人民出版社1961年版。

11.《广东国民大学之回忆》，载中国人民政治协商会议广东省委员会文史资料研究委员会编：《广东文史资料第13辑》，广东人民出版社1964年版。

12.《回忆国民大学》，载全国政协文史资料委员会编：《中华文史资料文库第17卷》，中国文史出版社1996年版。

参考文献

1.广东国民大学毕业授凭典礼筹委会宣传部编：《广东国民大学第七、

八、九、十、十一五届毕业授凭典礼大会特刊》，广东国民大学出版社1933年版。

2.莫擎天：《广州法政专门学校的建立及其变迁》，载中国人民政治协商会议广东省委员会文史资料研究委员会编：《广东文史资料第13辑》，广东人民出版社1964年版。

3.谢琼孙：《李应林校长与岭大》，载中国人民政治协商会议广东省广州市委员会文史资料研究委员会编：《广州文史资料专辑·珠江艺苑》，广东人民出版社1985年版。

4.杨逸梅：《李应林时期的岭南大学》，载中国人民政治协商会议广东省委员会文史资料研究委员会编：《广东文史资料第51辑》，广东人民出版社1987版。

5.广东省档案馆编：《民国时期广东省政府档案史料选编4·第六、七届省政府会议录》，1988年。

6.江门市政协文史资料研究委员会编：《江门文史第22辑·五邑名人专辑之一》，广东省新闻出版局1991年版。

7.江门五邑百科全书编委会，中国大百科全书出版社编辑部编：《江门五邑百科全书》，中国大百科全书出版社1997年版。

8.广东省立法商学院校友会编：《广东省立法商学院校史》，2005年。

9.张紧跟编：《百年历程：1905—2005 中山大学的政治学与行政学》，中山大学出版社2005年版。

10.刘炼编：《何干之纪念文集（1906—2006）》，北京出版社2006年版。

朱勉躬故居

朱勉躬故居位于今江门市蓬江区群星社区草园里15号之二，门前1米处坐标点为北纬22°37′39.38″、东经113°3′35.14″。

朱勉躬故居为三间两廊加前座的"四点金"建筑，平面呈口字型四合院中庭式住宅。其南面为开敞空地，正门朝南，为三开间凹斗门，砖雕墀头挑檐，椽上铺碌筒瓦。墙脚和门楣为花岗岩，其上绘制壁画。正立面墙体不开窗，次间墙裙为青砖清水砖墙，两檐口下有福寿延年灰塑，檐口收束线脚，其上做云纹灰脊单坡碌筒瓦，其后檐延至院内，与正厅及两廊屋面形成"四水归堂"的内天井。主座为三开间建筑，前带两廊，与其前的天井形成三合院。平面内，厅堂居中，房在两侧，两廊分别为厨房和杂物房。厅与天井之间有墙间隔，正中开门为厅门，厅后墙为青砖清水砖墙不开窗，与前门一致起围护作用。正厅与两廊均为双坡硬山碌筒瓦屋面，其中两廊不设屋脊，形同卷棚式，而正厅为两端云头灰脊，通体涂黑。两廊及正厅的坡面均斜向内天井，以利于排水，中庭内为方整石板铺砌。该宅砖木结构，整体风格较为朴素，兼顾防晒与通风功能。

房屋保存现状一般，整体格局保存较为完整，外墙稳固，近年来经过装修抹掉了一些室内装饰。现由其女儿朱小菇看管，作为出租屋供外来务工人员居住。

朱勉躬故居俯视

朱勉躬故居正门

朱勉躬故居位于珠江三角洲西部，河涌密布，东北距西江仅1千米左右。所处的草园里村北、东、南三面被低矮山丘环绕，西北部邻村落。房屋周边环境良好，村口有池塘绿水、榕树掩映，远处是青山绿树，风景颇宜。

草园里朱氏祠堂

草园里村内民居

据村长介绍，草园里曾为远近闻名的举人村，素有读书进取的风气。我们在村内仍然可以随处见到晚清本村人氏会试中第的勒石，现已被用作古井的围栏，树荫下的石凳、石桌等。村内也走出不少近现代政商、知识界人士，亦有侨居东南亚、支援家乡的侨胞。

草园里村内进士碑

草园里村内举人碑

村庄文明和谐，村容整洁，祠堂、庙宇的楹联及匾额，旧屋门楣上的彩绘及题词，民居门前张贴的手写告示，均透露出较浓郁的文化气息。

（二）赵善性（1902—1984）

广东新会人。运动员，体育教育家，国家级排球、游泳裁判。中国民主同盟盟员。原名赵善胜，出生于小康之家，父亲曾于广州海珠、江门长堤经商。他热爱体育运动，在广州培正中学读书期间，为学校排球、篮球、足球代表队成员。1923年、1925年，先后参加第六、七届远东运动会排球赛，均获亚军。中学毕业后任广州基督教青年会体育干事，开始涉足社会体育活动。后任国立中山大学体育指导员，组织中大篮球、排球队。同时，兼任广东省体育协进会训练部、广东省体育委员会委员。1927年广东省第十届运动会至1937年第十四届运动会期间，均担任组织和裁判工作。1930年全国第四届运动会至1948年第七届运动会期间，均任广东省体育代表团领队、指导。1927年、1930年先后作为排球队教练参加第九届远东运动会，均获冠军。1939年，举家随中山大学迁往云南澄江；同年6月，率校排球队至昆明与西南联大、云南大学等进行友谊赛。1940年秋，随校迁至湖南宜章栗源堡。后随中山大学迁至韶关坪石，战时与梁质若老师等人组织了学生比赛，以增强学生体质。1945年抗战胜利后返广州，担任中山大学复员委员会交通组组长。国家排球队初筹组时，他推荐了广东排球教练马杏修为首任教练。1952年，任华南工学院体育教授兼教研室主任。1953年，与丘纪祥等人倡议成立广州地区高等学校竞赛委员会，领导开展高校体育活动。1956年，获准为排球、游泳国家级裁判。同年起，历任广州市政协第一、二、三届委员，第四届常委。1972年退休。1984年5月23日因病逝世。

参考文献

1.中华全国体育协进会编：《中华代表参加第九届远东运动会特刊》，1930年。

2.二十二年全国运动大会筹备委员会编：《二十二年全国运动大会总报告》，上海中华书局1934年版。

3.尖兵：《体育圈内幕后新闻：甄拔国运选手筹备会，丘纪祥组阁不成，姚宝猷祝秀侠推重赵善性》，《电报》1948年第176期。

4.刘权达：《排球忆往》，载广州市政协文史资料研究委员会编：《广州文史资料选辑第38辑》，广东人民出版社1988年版。

5.中共广州市委组织部等编：《广州市政权、军事、统战、群团系统组织史资料》，广东人民出版社1993年版。

6.广州市地方志编纂委员会编：《广州市志·卷15·体育志、卫生志》，广州出版社1997年版。

7.罗培元：《无悔的选择——罗培元回忆录》，花城出版社1999年版。

8.南方大学校友会，广东省政协文史资料研究委员会编著：《广东文史资料第82辑·南方大学名录》，广东人民出版社2000年版。

9.广东省地方史志编纂委员会编：《广东省志·体育志》，广东人民出版社2002年版。

10.吴定宇主编：《中山大学校史（1924—2004）》，中山大学出版社2006版。

赵善性故居

赵善性故居位于今江门市新会区古井镇霞路村委会东联十巷6栋，门前1米处坐标点为北纬22°21′26.56″、东经113°7′27.23″。

赵善性故居平面较为特殊，为左右两厢三开间并朝天井开门、前后单间各开门的"双佩剑"式三合院内天井住宅。其正门临巷，门檐略低于两厢山墙，砖雕为花木佳果图样的墀头挑檐，椽上铺碌筒瓦。

正门两侧为两廊之山墙，开高窗，石砌窗框锁边，墙体通体为青砖清水砖墙，双坡硬山山墙饰垂带灰塑，铺碌筒瓦，出砖叠涩挑檐小檐口护墙防水。前后两门轴线对称，均为单间，其上双坡屋面脊线低于两厢之檐口，整体来看，如"三间两廊"式旋转90度所得平面，也可看作并排的三开间明字屋两厢之间前后架设双坡屋面，即两次间墙承重前后门之屋面。然正门左侧之明字屋为三开间凹斗门，右侧径直于明间开门，不设凹斗，但于其门右侧有一"天官赐福"灰塑，灰塑上饰为铃铛与苹果式样，左右为卷轴展开之轴，并饰以飘带，正中竖书"天官赐福"楷体四字，似为西方天主教与本土道教之信仰杂糅之产物，盖彼时西风东渐也，此为东西方文化汇际交融于民间信仰反映于建筑本体之一小小注脚耳。

左右两厢亦为轴线对称，门对门朝天井开。其左侧开凹斗门之三开间明字屋为居住用房，右侧明间开门不设凹斗门的明字屋为厨房、储物间，由此可见，作为生活起居的居住空间，左厢显然有着相比较而言更高规格的建筑风格与形式，秩序等级显然更高，这与中国人注重实用与理性、礼仪秩序的潜在思维显然是分不开的。当然，厨房门口的灰塑也与中国祭祀灶神、重视这个精神上的"一家之主"是分不开的，反映在建筑层面，则是各有侧重，更能说明中国人注重实用与理性的特点。该宅为砖木结构，通体清水砖墙，仅在门楣、窗框处以条石为过梁，整体风格较为朴素，兼顾防晒与采光功能。

该宅目前已转卖给远方亲戚，且买家现已去世，子女旅居美国，由一名同村的女子代为看管，处于空置状态。其故居现整体格局保存较为完好，砖墙稳固，木质梁架无明显朽蛀，石质铺地砖基本完好。

赵善性故居正门

赵善性故居内部

赵善性故居内的壁龛

赵善性故居内装饰

赵善性故居位于珠江三角洲西部、阳裕河入海口，地势平坦，水网密布。故居所在村落三面环绕农田，南边为霞路村。其东约1千米处为南北向丘陵。其故居位于东联里西北部，村内巷落房屋规划有序，屋与屋之间大小、方位、布局、风格均类似，保存状况良好，与霞路村其他村落一起入选广东省第五批古村落名录。

据赵氏族谱记载，明代初年始有该村，并自称赵氏皇亲之后。东联里有赵宗室亲臣赵公祠（耿光堂），建于清代，现为新会区文物保护单位。该祠为具有岭南特色的厅堂式结构，现存三进两天井，其砖雕、木雕、石雕、泥塑等工艺较为精湛。

晚清民国以来，霞路村出现了各种人才，也有众多侨胞。较为有名的有追随孙中山进行革命的赵士北、赵士觐等人，美国国会议员赵美心、广州市政协副主席赵正刚等人；广雅基金会会长赵耀祖、霞路小学校长与《建国日报》总编赵慕鸿等人；国家举重协会副主席兼教练赵华冠、广东男子篮球队教练赵澄波、海洋地质学家赵焕庭、国家黄金总指挥部地质高级工程师赵银英等人；画家赵云扬、美国好莱坞导演赵龙瑞等人。

古井镇为新会的经济、文化大镇，镇内古村落保存情况良好，经济较为发达，江门大道直通镇区，交通便利，古井烧鹅入选江门市非物质文化遗产名录，闻名珠三角。

霞路村赵氏宗祠

霞路村村内情景

（三）黄学勤（1885—?）

　　广东台山人。文学家、诗人。他早年赴美国留学，获哈佛大学文学硕士学位。回国后，先任国立广东高等师范学院教授。1923年，任云南东陆大学教授。1925年，任清华大学西洋文学系教授，其清华同事吴宓在日记中写道："黄君学勤，粤人，哈佛同学，习英文文学。并通日本、德国、拉丁文，极用功，不事交际，而学业成绩甚优。惟其人乃纯然学者，应酬才短，又语言不犀利，且不能操官音。"1928年，任东北大学英文学系专任教授。后任职国立广东大学，在该校改名为中山大学后，任英吉利语言文学系教授，主讲莎士比亚、英国文学史、英国近代抒情诗、英国近代戏剧。1932年8月至1936年，兼任广州大学文学院院长、教授。1937年，任中山大学文学院御侮救亡团（后改名为抗战后援工作团）英文系团长。1939年，他随中山大学迁至云南澄江，1941年迁至韶关坪石。1942年下半年，任中山大学英文系主任。坪石陷落后，他在莲塘的住所遭到日军的数度劫掠，财物被抢掠，最后被一把火焚尽，为了保持中国文人的气节，他与夫人担起竹篮、水桶与炉子于街上以卖汤丸为生。退休以后旅居美国纽约。1946年《新白沙日报》创刊号介绍："黄学勤，中国著名的教授、文学家、诗人，任中山大学文学院教授十余年，著译甚丰，以《敲门》诗集，名闻于世；他是一个五十九岁的老人家了，然而他创作的热情超乎青年之上。"

个人著作

1.《心声（黄学勤教授在英语促进会讲演）》，《革新（广东）》1923年第1卷第3期。

2.《大学生本务与我国大学生将来之天职（续）》，《东北大学周刊》1928年第50期。

3.《文艺：戏剧的效用和趋势》，《文明之路》1934年第1期。

4.《文艺：顶靓赠品》，《文明之路》1934年第2期、第3期。

5.《文艺：顶靓赠品（四）》，《文明之路》1935年第5期。

6.《文艺：顶靓赠品（四）（续前）》，《文明之路》1935年第6期、第8期、第11—13期。

7.《戏剧家奥尼路的艺术（Euqeneo Neill 1888—）（未完）》，《社会科学（广州）》1937年第1卷第10期。

8.《戏剧家奥尼路的艺术（续前）》，《社会科学（广州）》1937年第1卷第13期、第16期。

9.《关于美洲华侨的几句话》，《社会科学（广州）》1937年第1卷第14期。

10.《读"溃退"诗集》，《客观（广州）》1940年第1卷第5期。

11.《怎样做现代作家》，《中山学报》1943年第2卷第1期。

12.《以甲板上一条飞鱼的姿势向海外兄弟姊妹急喘出一些呼吁（当发刊词）》，《新白沙月报》1946年创刊号。

13.《抗建与文艺（再续）》，《文坛（广州）》1947年第5卷第1期。

14.《卢梭的革命文学引法国走向自由（续）》，《客观（广州）》1948年第1卷第5期。

15.《浪漫运动在德国（下期续完）》，《客观（广州）》1948年第1卷第6期。

16.《浪漫运动在德国（续前）》，《客观（广州）》1948年第1卷第7期、第8期。

17.《关于"宦海风情"的初夜演出》，《客观（广州）》1948年第1卷第10期。

18.《歌德与德国的浪漫运动（续前）》，《客观（广州）》1948年第1卷第10期。

19.《读了艾青先生的"人皮"之后（下）》，《谷雨文艺月刊》1948年第4期。

20.《论文艺复兴期的反动倾向》，《谷雨文艺月刊》1948年第6期。

21.《来论之一：请严禁麻将上宋主席书》，《真善美（广州）》1948年第3期。

参考文献

1.东北大学年鉴委员会编：《东北大学年鉴》，1929年。

2.樊荫南编著：《当代中国名人录》，上海良友图书印刷公司1931年版。

3.黄药眠：《动荡——我所经历的半个世纪》，上海文艺出版社1987年版。

4.牟金丰：《忆张学良将军与东北大学》，载中国人民政治协商会议辽宁省委员会文史资料委员会编：《辽宁文史资料选辑总第33辑·"九一八"前学校忆顾》，辽宁人民出版社1991年版。

5.云南省档案馆编：《教职员卷（1922年—1949年）》，云南民族出版社2008年版。

6.金钦俊：《山高水长：中山大学八十周年诗记事》，中山大学出版社2004年版。

7.吴俊等主编：《中国现代文学期刊目录新编·上》，上海人民出版社2010年版。

8.蔡德贵：《清华之父曹云祥·传记篇》，陕西师范大学出版社2011年版。

9.中山大学外语学科90年史稿编委会主编：《中山大学外语学科90年史稿（1924—2014）》，中山大学出版社2015年版。

黄学勤故居

黄学勤故居位于今台山市白沙镇西村村委会大岭里93-1号以南一间（无门牌号，以左近房屋为参照），门前0.5米处坐标点为北纬22°16′21.19″、东经112°35′19.07″。

黄学勤故居为三间两廊式民居建筑，但其平面形式较一般三间两廊式殊为不同，厅堂进深较大。整体为砖木结构，上铺碌筒瓦，下为红砂砖铺地，清水砖墙墙面。

正厅前原为天井，后为增加使用空间而架屋面占用天井，现天井仅为一小小豁口。从总平面看，现该宅两廊为一横墙分割为空间占比前三后二

黄学勤故居俯视

黄学勤故居天井

的两部分，占比五分之二的后端与厅堂为一体，疑为不同使用者人为划分所致。两廊中一廊尽端设神龛，且将龛位抬高，其下用木板隔开堆放杂物；一廊后墙改开高窗，作为厨房。

该宅厅堂屋脊被翻新过，灰塑屋脊被改为水泥屋脊，其余建筑构件大体为原物，但空间整体性保存不佳。据村中萃英中学原校长黄在勤介绍，大岭里的新村于1881年开始兴建，黄学勤故居与周边建筑的结构、风格接近，年代上应接近，可能为十九世纪八九十年代的建筑。房屋现已无人居住，由其邻居代为看管，保存状况不甚良好，木质梁架朽坏，墙壁潮湿发霉，地板破碎处较多。

黄学勤故居门前　　　　　　　　　　　黄学勤故居正厅

　　黄学勤故居位于珠江三角洲西南部，背靠百足山，面朝山间小平原，西南距潭江的一级支流白沙河仅2千米，自然环境良好。

　　故居所在的西村是有名的"博士村"，崇文重教氛围浓厚，有"一家三博士""一家两代八博士"和"两巷三博士"的故事，可挖掘的文化资源丰富。

　　西村团防建筑被登记为"三普"不可移动文物。建于民国十四年（1925），坐东北向西南。楼高五层，有地下室一层。砖混结构。首层正面用两根塔司干式柱突出入口。门楣和窗楣雕刻有精美的花草和动物图案，顶部是仿罗马拱券。三层有方柱与罗马拱券组成的柱廊，柱廊边沿向下开有射击孔。顶部有高两层的瞭望塔，底层为八根方柱支承的平顶，顶层是用六根圆柱支承六角攒尖瞭望亭。碉楼旁竖一纪念碑，并有整面墙介绍本村抗日烈士的事迹。

西村大岭里其他建筑

西村团防碉楼

白沙镇是著名的侨乡，名人众多，具有较好的人文底蕴。如抗战将领黄光悦、黄湘、马湘，政治家马超俊，实业家黄道益、马钧利，中科院院士余国琮，排球名将黄亨、黄英杰、马杏修，等等。

整个白沙镇的碉楼数量超过120幢，洋楼约2000幢，并保留有诸多名人故居。中国第一条民营铁路新宁铁路的台城至白沙线也途经镇东部，后被拆除，现今的302乡道即在原来的铁路路基上修建，目前已发现铁路遗迹5处。现302乡道附近的居民仍称呼该路为"铁道路"。

（四）卫梓松（1888—1945）

祖籍广东台山。建筑师、工程师。字筱赤，生于英属域多利埠（今加拿大维多利亚市），为英属华侨。13岁回国，次年父亲去世。1902年入两广大学堂预科，1907年预科毕业，奖给优贡，升入广东省高等学堂正科，1910年毕业，次年经学部复试获隽，授理科举人。之后担任广东省立女子师范学校教员。1912年，回原籍任台山县立中学教员。1913年至1916年，于国立北京大学工科攻读土木工程学。1918年4月，任京奉铁路工程师。同年，兼任国立北京大学教职，历任本科助教、预科甲部讲师，授课风格获学生喜爱。1919年，任北京协和医院建设主任建筑工程师。1922年4月、12月，两次受国民政府嘉奖。1923年，任北京政府农商部技正，后任实业部技正。1927年8月，任国立北洋工学院教授，教授铁道工程。1929年8月，任国立北平大学教授，讲授平面测量、矿山测量、投形几何、图画及应用物理；9月，兼任国立清华大学讲师。1932年9月，兼任国立北平师范大学讲师。1936年8月，任东北大学教授。1937年，任广东省立勷勤大学教授、土木工程科主任，随校迁往云浮县城，又兼任国立中山大学讲师，往返广州、云浮两地授课。1938年，广州沦陷，短暂流寓香港、澳门等处，后到韶关。1940年2月，任广东省赈济委员会委员；3月，又任广东省政府技正；9月，兼任韶关新住宅区建设委员会委员、工程主任。1941年2月，任国立中山大学教授。1942年9月，任该校建筑工程系主任。1945年3月3日，坪石沦陷，他因病被日军俘获，日军欲利诱他投降,他拒不接受,于3月20日服用大量安眠药自杀,保持了民族气节。据1946年3月15日《民国政府公报》记载:"国立中山大学教授卫梓松,秉性正直,学业颛(专)精,历任国立各大学教授二十余年。平日讲授勤敬,成才甚众,努力著述,于工学贡献尤多,上年春坪石陷落,被俘不屈,服毒以殉,大节皦然,良深轸惜,应予明令褒扬,以彰继学而励忠贞。"

个人著作

1.《讲演:子午线之测定法》,《工学月刊》1931年第4期。

2.《实用测量法》,商务印书馆1919年版。

参考文献

1.农商部总务厅文书科编:《农商部职员录》,1923年。

2.国立北京大学编:《国立北京大学一览(民国二十四年度)》,1935年。

3.《国立中山大学连县分教处关于转呈卫梓松教授受敌威胁不屈悲愤自戕情形请予抚恤等情的呈及附件》,1945年8月18日,中山大学档案馆藏,关联号020-004-0017-002。

4.教育部教育年鉴委员会编:《第二次中国教育年鉴(2)》,商务印书馆1948年版。

5.李松生:《从"工专"到"勷大工学院"》,载中国人民政治协商会议广东省委员会文史资料研究委员会编:《广东文史资料第10辑》,广东人民出版社1963年版。

6.北洋大学-天津大学校史编辑室编：《北洋大学-天津大学校史·第1卷（1895.10—1949.1）》，天津大学出版社1990年版。

7.《中国测绘史》编辑委员会编：《中国测绘史》，测绘出版社2002年版。

8.黄汲清：《我的回忆——黄汲清回忆录摘编》，地质出版社2004年版。

9.东北大学史志编研室编：《东北大学校志·第1卷·上（1923.4—1949.2）》，东北大学出版社2008年版。

10.广州图书馆编：《广东历代著者要录·广州府部》，广州出版社2012年版。

卫梓松故居

卫梓松出生于英属域多利埠（今加拿大维多利亚市），祖籍为台山市都斛镇大纲村，现未找到其祖居。大纲村姓氏较多，现能找到与他关系较密切的便是卫氏祠堂。在村口的祠堂旁竖有一块旗杆石，其上刻文"宣统辛亥年广东高等学堂毕业　理科举人尽先补用知县卫梓松立"，记载了卫梓松中理科举人的事迹。

卫氏祠堂为两进院落，前后依轴线依次布置有门堂、中堂及祖堂，东西两侧有廊庑相接，中为天井。三座主体建筑均为厅堂抬梁式构架，两旁山墙承托屋檩，屋面素瓦，灰塑屋脊，屋顶为硬山顶。

门堂一反岭南宗祠建筑次间用虾弓梁托金花狮子石雕承托屋檩的做法，而是吸收了开平碉楼建筑的西式券柱式围廊的风格，将门堂前廊的高度抬高，用券柱式廊宇形成上下两层的门楼，次间正立面为花岗岩双柱与山墙承托从门墙出挑出的3个券柱式廊窗，左右对称，券柱式廊窗加挑台的高度与下部承托檐柱的高度比约为1：1.5，比例关系恰当。上部廊窗形成类似观景台的挑台，但并不上人，成为门墙上高窗的采光窗洞，与其下门廊形成门厅，和明间形成凹斗门，呼应了传统格局，为空间上的一大创举。明间为传统格局，因次间上设券柱廊窗而显得异常高敞，门楣上嵌石匾，书"卫氏宗祠"四个大字，其上因空间高敞，绘制双层山水壁画。

门堂内部结构为六椽栿对前后乳栿用四柱，即七架梁对前后双步梁用四柱，七架梁用穿式瓜柱梁架，三架梁、五架梁均为梭形梁横穿过瓜柱并出梁头，即瓜柱中挖梭形卯口，梁也由此穿过瓜柱卯口并出头，梁为直梁，横截面前后没有收分，这是瓜柱与梁在交接方式上的特征。从梁的横截面看，考虑到荷载和弯矩，七架梁的横截面大于五架梁，五架梁大于三架梁，瓜柱呈宝瓶状，上宽下细，这也是"水能克火"这一寓意反映在可燃的木质建筑构件上的表征。七架梁为圆形木柱承托，且其上瓜柱与其他宝瓶状瓜柱不同，为方墩状替木托檩，其下亦有横檩穿接对称梁架，并延至山墙。双步梁前后

大纲村卫氏宗祠

卫氏祠堂旁的旗杆石

柱为方形石柱，前柱对称内侧镌刻篆书楹联。

大纲村内房屋建造整齐有序，村内巷弄横平竖直，是经过统一规划后的建筑。

同村有林基路故居及林基路纪念公园。林基路故居为传统一间一廊民居，青砖墙，硬山顶，大门开在北面。林基路是革命烈士，曾任新疆学院（今新疆大学）教务长、库车县县长、乌什县县长。1942年与陈潭秋、毛泽民等被军阀盛世才逮捕入狱，其在狱中坚持斗争，写下了豪迈的《囚徒歌》，后被杀害于新疆迪化（今乌鲁木齐市）。

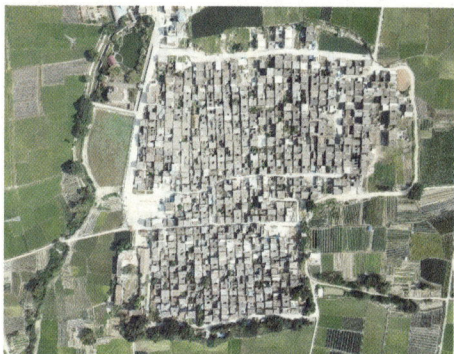

大纲村全景

大纲村林基路故居

（五）温文光（1893—1977）

　　广东台山人。农学家。出生于乡村郎中家庭，1908年，父亲因病去世。同年至南京，在兄长的资助下入读南京金陵中学，后入上海复旦公学，1915年毕业。后入私立金陵农科大学，获农学学士学位。随即任广东公立农业专门学校教授、农场技士。后赴美国留学，就读加利福尼亚州立大学，学习果树园艺及果物冷藏法，获硕士学位。后又入读康奈尔大学，学习果物分类学。1923年归国，应张学良之邀赴东北考察，撰写《东北农业之发展》报告。1924年，任职于国立北京农业大学，历任教授、园艺系主任。后兼任国立北京大学地质系讲师。1927年起，历任国立中山大学农科教授、农学系主任兼农场主任，教授园艺学、果树园艺学、果品分类等课程，并帮助农场扩大面积，注重热带果树的栽培与改良，兼任广东建设厅农林局技正兼园艺系主任、岭南大学农学院副院长。1939年，随中山大学农学院举家迁往云南澄江。1940年秋，随校迁至湖南宜章栗源堡。抗战胜利后，返回广州，原广州寓所被日军炸毁。1953年，任华南农学院教授、园艺系主任。

个人著作

1.《改进中国农业与注重统计（附图表）》，《农事月刊》1926年第4卷第11期。

2.《世界主要农产之需要及今后经营各项农产应取之方针》，《农声》1928年百期纪念号。

3.《柑桔类栽培改良法》，1932年。

4.《农林问答：答郁林县立中学校科学研究社苏敬人君关于果树之问题如左》，《农声》1931年第141期。

5.《农林问答：关于种蕉，关于橙桔》，《农声》1930年第129期。

6.《农林问答：答黄荫传君果树园艺问题》，《农声》1931年第141期。

7.《园艺系柑橘果树之实验设计》，《农声》1932年第153期。

8.《报告——农林顾问：答复童慧僧君各问题列后》，《农声》1932年第164期。

9.《广东柑橘果树退化之现象与今后改良之要点》，《农声》1932年第168期。

10.《园艺系柑橘果树之实验设计（未完）》，《农业革命》1932年第1卷第2期。

11.《园艺系柑橘果树之实验设计（续）》，《农业革命》1932年第1卷第3期。

12.《农学系报告：（乙）园艺门概况》，《国立中山大学农学院二十一年年报》1933年年报。

13.《广东省柑橘类调查（附图表、照片）》，《国立中山大学农学院农林研究委员会丛刊：第一类》1935年第1期。

14.《广东省柑橘类调查》，1935年。

15.《果树园艺学》，1935年。

16.《广东柑橘繁殖选择砧木之比较试验》，《现代生产杂志》1935年第1卷第8期。

17.《广东柑橘业经济崩溃之原因及其挽救办法》，《农声》1935年第191期。

18.《广东柑橘繁殖选择砧木之比较试验（附照片）》，《农声》1936年第192期。

19.《东区十六县农业概况及其改进意见（附表）》，《农声》1936年第202期。

20.《发展广东果树业对于种苗上几个重要问题之商榷》，《现代生产杂志》1936年第2卷第5期。

21.《柑橘类切接法之研究（初报）：附图、表格》，《国立中山大学农学院农林研究委员会丛刊第三类：园艺专刊》1937年第1期。

22.《广东橙果之形态组织及其成分之比较：附图、表格》，《国立中山大学农学院农林研究委员会丛刊第三类：园艺专刊》1937年第2期。

23.《果树嫁接法对于砧木与接穗选择上之要点》，《广东农讯（广州1937）》1937年第2期。

24.《广东园艺事业之重要与战后设施》，《广东建设研究》1946年第1卷第1期。

25.《广东果产概况与改进（附图表）》，《广东建设研究》1947年第2

卷第1期。

26.《广东战前后果产概况及今后之改进意见（附表）》，《经济建设》1948年第2卷第2期。

参考文献

1.教育部编：《全国专科以上学校教员研究专题概览（上册）》，上海商务印书馆1937年版。

2.《两所要闻：训练所敦请邓植仪温文光丁颖先生莅所演讲》，《新村半月刊》1935年第30-31期。

3.北京大学五十周年筹备委员会编：《国立北京大学历届校友录》，1948年。

4.张佑周编著：《书报介绍：柑橘类果树栽培改良法》，《农报》1936年第3卷第29期。

5.张农等编：《农声汇刊（三）农艺论业》，1937年。

6.国立中山大学编：《国立中山大学现状》，1937年。

7.张农等编：《国立中山大学农学院农场报告书（民国十九年至二十五年）》，1936年。

温文光故居

温文光故居位于今台山市台城街道罗洞村委会游鱼村61号，门前0.5米处坐标点为北纬22°15′21.94″、东经112°43′0.14″。

其故居为三间两廊式民居建筑，整体为砖木结构，上铺灰瓦，下为红砂砖铺地，清水砖墙墙面，于厅堂与南墙上设两道灰塑屋脊。正厅前为四水归中之天井，兼具通风、采光之功能，正厅已被木板分隔为前后两部分。该屋仅东墙开一扇小窗，西墙不开窗，为解决采光不足问题，在两侧厢房及正厅

温文光故居俯视

故居外墙

故居内部之一

故居内部之二

前后侧均于屋顶铺设明瓦。屋内建筑构件大体为原物，但空间整体性保存不佳。该屋结构基本完整，梁椽朽坏程度较轻，由于采光不佳、雨水丰沛的原因，地板及墙壁有多处受潮、生长苔藓。

目前屋主为温文光同村人温煜焜，其于1948年开始在此居住，1958年温文光夫人与儿子返回村中，承诺将房屋让与温煜焜。

其故居位于台城以西的低山丘陵地带的山间谷地，南、东部靠一矮山，北、西部为农田，潭江的二级支流从村中流经，水源便利，自然环境良好。村内走出过不少华侨。其他较著名者有温应星，曾于民国时期任上海市公安局局长，历授财政部税警团总团长。

（六）谭太冲（1894—？）

广东台山人。哲学家。又名秋平，出身贫寒，青年时靠亲属资助就读于北京大学哲学系，后留学美国哥伦比亚大学。回国后，1920年2月任广州《新民国报》总编辑，后历任台山劝学所所长、广州教育局社会科科长，1928年7月任广东省民政厅主任秘书。后长期任教于中山大学哲学系，先后讲授儒家哲学、中国古代哲学思想史、宋明哲学。1934年9月，兼任广东省立编印局（前身系广雅板片印行所）委员。1938年至1941年，任香港华侨工商学院教授，香港沦陷后，至韶关坪石中山大学任教。坪乐事变后，他因故滞留仁化。1955年，因患高血压退休。他关心家乡教育及文化事业发展，受聘担任台山华侨中学校董会董事，历任谭氏育英中学、昌蕃学校董事长，退休后常回乡举行教务工作。1956年，任台山县政协常委，并担任侨刊《台山光裕月刊》经理。同年，促使侨刊《新宁杂志》复刊，并撰写复刊词，此后10年间均任社长。

个人著作

1.《儒家哲学讲义》，1932年。

2.《大学作者之谜》，《广大知识》1940年第1卷第5期。

3.《陈济棠编印〈经训读本〉经过内幕》，载中国人民政治协商会议广东省委员会文史资料研究委员会编：《广东文史资料第10辑》，1963年。

4.《复刊词》，《新宁杂志》1957年3月复刊号。

5.《台山先哲陈遇夫的学术思想简介》，《新宁杂志》1957年3月复刊号。

参考文献

1.杨家骆：《民国名人图鉴（一）》，辞典馆1937年版。

2.黄义祥编著：《中山大学史稿（1924—1949）》，中山大学出版社1999年版。

3.高承元：《回忆广州〈新民国报〉》，载全国政协文史资料委员会编：《文史资料选辑第143辑》，中国文史出版社2000年版。

4.朱谦之：《朱谦之文集·第1卷》，福建教育出版社2002年版。

5.刘峻：《回忆我的父亲刘栽甫先生》，载广东省政协学习和文史资料委员会编：《广东文史资料存稿选编·第4卷》，广东人民出版社2005年版。

6.谭国渠等主编：《台山历史文化集 台山侨刊乡讯》，中国华侨出版社2007年版。

7.姚婷，梅伟强：《百年侨刊〈新宁杂志〉历史文化论》，中国华侨出版社2009年版。

8.刘小云：《学术风气与现代转型：中山大学人文学科述论（1926—1949）》，生活·读书·新知三联书店2013年版。

9.吕雅璐主编：《抗战烽火中的中山大学》，中山大学出版社2017年版。

10.林子雄：《古版新语：广东古籍文献研究文集》，广州出版社2018年版。

谭太冲故居

谭太冲故居位于今台山市台城街道圆山村委会潮盛村（旧名张边村），外墙前0.5米处坐标点为北纬22°16′15.89″、东经112°44′30.74″。

建于1937年，为两层庐式平顶楼房，平面为接近正方形之矩形，进深略大于面阔。该宅位于总平面为梳式布局系统之村落中，前后建筑鳞次栉比，整齐排布。每列建筑之间有一小巷，称为"里"，亦称"火巷"，兼具村内防火、疏导与交通功能，发生火情时为两侧有封火山墙的消防安全通道，平时作为沟通村内各家出行的交通道路。该宅宅门即开于巷道内与主路丁字交接处，方便出行。

正立面亦面对巷道，但其前1.5米处即为另一处民宅，故其立面视野稍显局促。正门开于次间。内退形成凹斗，并与其上阳台底部之飘板形成雨棚，雨棚下有雀替承托，式样为西洋涡角式。门楣墙体通体为花岗岩，其上正中镌刻"福"字，上方为竹石式样灰塑，并以"万字不到头"灰塑饰凹斗边框，并于雨棚下安装电灯。

该宅平面以传统的三间两廊为基础，房间均开窗，其中侧立面开窗为两层上下两组共八窗，第一组为上下并列两窗，隔以稍远墙体后，为第二、三组上下并列两窗，此四窗每两窗间以窗间墙相隔，距离不远，第三组后亦隔稍远墙体为第四组，综而概之，形成虚实结合、整齐划一之立面，窗台窗楣均饰以线脚，立面设计可视作现代主义建筑设计手法之滥觞。

其室内通透开阔，结构灵活，通风采光好，屋内尽端为楼梯间，木质西洋结节扶手，钢筋混凝土楼梯直通天台，开一采光内天井于平面正中，解决进深对采光的影响，空间主次分明。地面为大块矩形红砂面砖铺装，其中一楼附属用房盥洗室厕具、洁具均为石质，蹲厕、坐厕皆有，反映了中西方生活方式对住宅设计的影响，欧风美雨中杂糅岭南本土的因地制宜。

该宅处于梳式布局之村落，由于村内巷道窄，建筑物较高，巷道常处于建筑物阴影下，温度较低。当村内屋面和天井由于受太阳灼晒后造成气流上升，外加该村落依山傍水，田野、山林与河塘的气流就通过巷道变为冷巷风，源源不断地补充入村，对微小气候进行调整，这是先民根据实践利用下垫面的热容差异，形成温差导风改善人居气候，形成舒适微环境的实例。这也能从侧面反映，该宅山墙面开双排八窗兼顾采光和通风的原因，就是利用了这种整体性的微气候环境，否则，如是孤立的住宅，暴露于高温高湿、阳光暴晒的环境中，是不可能有这样的立面开窗设计的，即使设计了，使用后也犹如蒸房。

该宅系砖混结构，整体风格为近代式，清水砖墙饰面，门窗线脚统一划一，为形式服从功能的现代建筑风格，兼具本土特点。

房屋现为谭太冲后人所有，交与同村人看管。现整体格局保存较为完好，其内部空置，内墙体有潮湿发霉处，楼梯栏杆损毁，外墙体保存较好。

谭太冲故居俯视

谭太冲故居近景

谭太冲故居门楣装饰

谭太冲故居内景

谭太冲故居地处珠江三角洲西南部的低山丘陵地带、潭江的一级支流台城河边，背靠矮丘，面对河滩，对岸为地势稍高的高椅山，周边自然环境良好。

故居所处的潮盛村，村内民居建造整齐有序，风格统一，结构相似，多为西式洋楼建筑。

圆山村委会潮盛村俯视

谭太冲故居周边建筑

所处的潮盛村有靖海楼，被登记为"三普"不可移动文物点。建于清末时期，坐西南向东北。该碉楼为钢筋混凝土结构，高四层，底层平面呈正方形。第二层四角挑出长方形燕子窝。第四层四面设有拱形窗口，平屋顶，四角有望柱。立面设西式山花，刻有"靖海楼"三字。正面墙拱形窗上方有中华结、铜钱图案灰塑，居中拱窗两边有对联，左联书"靖守疆隅人自乐"，右联字迹已模糊无法辨认。外墙有拱形窗楣的铁窗和窄小长方形枪眼，枪眼外有铁门。正面开门口，门额有三角形图案。

所处的圆山村委会，位于台城河边，民国时曾为重要的墟市，是连接台城、开平乃至新会的水路中转点。圆山村内现还保存着完整的民国建筑，是经过统一规划建设的骑楼建筑，前铺后店，临街店铺装饰为南洋风格。中间有一个方形圆角封闭式平房，可能是新中国成立后建造。墟市北部的台城河边，保留有风雨亭、水泥墩，水中仍可见木桩。风雨亭为伞盖顶，四柱，在河岸两边各有一座，圆山墟一侧的风雨亭大部分被埋于地下，仅露出柱上部及顶部。水泥墩现存4个，其旁可见数根木桩扎入河水中。

潮安村西靖海楼

圆山墟俯视

圆山墟骑楼建筑

圆山墟码头旁的风雨亭

另外，现在的村委会旁有昌蕃学校，又名友恭谭公祠，被登记为"三普"不可移动文物点。是一栋典型中西合璧建筑风格的建筑物，现已闲置。1924年由华侨捐资兴建，坐东南向西北，钢筋混凝土结构，青砖墙，底层平面呈"凹"字形。楼高三层，首层和二层均以4条爱奥尼柱式采用叠柱式巧置前廊，大门居中，东北面和西南面居中各开有一侧门。顶层有穹窿顶钟楼，铜钟上款"民国十五年五月吉"，设避雷针，钟楼两侧各有灰塑狮子一只。立面设西式山花，以朱红色为主、粉黄色和白色相辅粉饰外墙。该建筑原主要用作课室，室内设水泥楼梯，其旁有一平房，上有谭太冲题篆书"图书馆"三字。

圆山村昌蕃学校

谭太冲于昌蕃学校的题字

（七）余蔚英（1909—1963）

广东台山人。中国民主同盟盟员，微生物学家，曾任广东省政协委员。出生于华侨家庭，祖父、父亲均赴美务工，在家乡受蒙，后入读广州中学。毕业后，于1928年3月至1933年3月入读日本东京农业大学农科、研究科学习发酵工程专业。1937年9月至1952年7月，任职中山大学农学院教员、教授、农化系主任，在校任职期间曾对酱油酿造进行实验研究，并成功制得高质量的酱油曲，于1947年在广州投入工业化生产。1939年，随中山大学农学院迁往云南澄江。1940年秋，随校迁至湖南宜章栗源堡。1944年年底，日军攻陷衡阳，余蔚英等教授被委以购储粮食之任，以应对日军南下。1952年起，历任华南工学院教授，生物化工系、食品系主任，兼任中国微生物学会常务理事、中国食品学会常务理事、全国食品科学与工程学科教学指导委员会委员。1960年，任广东省政协第二届委员。1963年6月17日，因病于北京逝世。

个人著作

1.《调味料谷罗他命酸钠监制法》，《现代农业》1936年第2期。

2.《农林业制造：广东乐昌县片糖制造法之调查》，《全国农林试验研究报告辑要》1943第3期。

3.《糖蜜酒精连续发酵试验——（第一报）关于多槽式发酵条件》，

《华南工学院学报》1957年第1期。

4.《液体曲法酒精发酵试验——（第一报）实验室法》，《华南工学院学报》1957第1期。

5.《食品微生物学》，中国轻工业出版社1960年版。

参考文献

1.日华学会学报部编：《留日中华学生名簿》，1928年。

2.中华民国广东驻日留学生经理处编：《广东留日学生调查录（民国十八年一月调查）》，1929年。

3.广东驻日学生经理处编：《民国十九年广东留日学生在学状况一览》，1931年。

4.财团法人日华学会学报部编：《留日中华学生名簿（昭和六年度）》，1931年。

5.日华学会学报部：《留日中华学生名簿（昭和六年五月现在）》，1931年。

6.[日]高桥君平编：《留日学生名簿》，1933年。

7.中国人民政治协商会议广东省广州市花都区委员会编：《花都文史（第32辑）·花都历代楹联与碑刻》，2015年。

余蔚英故居

余蔚英故居位于今台山市三八镇新三八村委会富美村2号,门前1米处坐标点为北纬22°18′30.74″、东经112°40′19.48″。

故居由前座翰屏家塾与后座翰屏楼组成。瀚屏家塾为一座两层洋楼,坐北朝南,内部以砖墙分割为东三西二两部分,门开在东侧,东边为厅堂,西边为厢房,上下两层结构接近,以木板分隔。东墙外另筑一间厨房,有小门相通。该屋外砌清水砖墙。正门处内凹,木门外侧为石板砌筑。门楣上装饰有花鸟题材的壁画与行书诗词,并落款"民国十年春日偶作""辛未偶作",其下石檐阳刻"翰屏家塾"四字。木门墨书"敦伦常以饬人纪 修政教而张国维"。外墙装饰有如意、福桃等寓意美好的灰塑,窗户上有巴洛克风格的浮雕。二楼及楼顶以水泥砌筑围栏,镂空处装饰绿琉璃柱。二楼屋内外亦有装饰花鸟、人物、诗词等。翰屏楼为一座五层碉楼,混凝土砌筑,仅有一条位于翰屏家塾二楼后方的通道进出,因铁门门锁锈蚀,无法进入内部。碉楼四层以上为向四周探出的平台,上书"翰屏楼"三字,其旁有灰塑,已风化难以辨认。

翰屏家塾保存状况较好,整体结构完整,木质梁椽及二楼地板朽坏程度不重,内外墙坚固。外部灰塑受到不同程度的风化破坏,壁画剥落及受潮、生长苔藓的现象较严重。翰屏楼外灰塑、雕刻受风化破坏稍严重,内部情况不可知。翰屏家塾目前空置,由远房亲戚余力子代为看管,屋内堆放杂物。

富美村位于台山西北部丘陵地带,村庄西靠一处低矮的山丘,东、南部为小块农田,北部为池塘,在建的中开高速从村子北部穿过,潭江位于该村以北约5千米处。该村现有居民仅十几户,人口不过百人。

翰屏家塾与翰屏楼

翰屏家塾

翰屏楼

翰屏家塾一楼壁画与灰塑

翰屏家塾二楼壁画

（八）马杏修（1912—1956）

广东台山人。排球运动员，我国第一位国家男子排球队教练。他从小热爱体育，幼年时经常组织伙伴在村中排球场进行比赛。1929年9月至1935年7月，就读于台山中学。中学期间体育能力突出，多次参加台山县、广东省的运动会，1932年获台山县第五届运动会个人全能冠军，1933年5月获广东省第十二届运动会男子甲组100米、200米第一名。中学毕业后考入广东省体育专科学校。1937年毕业后，先后任恩平县省立越华中学和台山县立中学体育教师。1940年3月，在亲人的资助下前往美国攻读体育专业。1945年8月抗战胜利后，他旋即回国。1947至1949年，于广东省体育专科学校任教。1948年4月，代表粤穗选训班到台山县选拔了一批排球运动员参加民国第七届全国运动会。1949年至1951年，担任广东省体育场（东较场）场长，并参与改建广东省体育场和创建越秀山体育场的工作。1950年，兼任广东省篮球队教练。次年3月，带领广东篮球队和东较场排球队参加中南区排球、篮球选拔赛并胜出。后任国家排球队第一任教练，兼任国家体委排球处处长。1951年8月，任中国青年男子排球队教练，并带领团队参加柏林第十一届世界大学生夏季运动会。1952年，获"八一"建军节第二十五周年体育运动大会的奖状。1953年8月7日至13日，任中国男子排球队教练并带领团队参加布加勒斯特第一届国际青年友谊运动会，名列第六。1953年冬，受任至台山选拔排球运动员，发现了黄广德、黄述舟、马占元等一批优秀队员。1954年至1956年，他又多次带领国家排球队参加在苏联、东德、罗马尼亚等国家举办的赛事。1956年因病去世，死后其遗著及体育藏书由夫人邓宝娟于1959年捐献给广州体育学院。中华全国体育总会赠送挽联：钻研体育学术，吸取先进经验，为人民体育运动健康事业，献身于祖国，不愧为体育革命先驱者；发扬排球理论，提高排球技术，使祖国排球达到国际水平，驱驰东南欧，诚体育科学进军第一任。

个人著作

1.《六人排球裁判法》，中国青年出版社1953年版。

参考文献

1.台山县档案馆编：《台山排球运动史稿》，1984年。

2.陈光惠编著：《新中国国家排球队第一任教练马杏修》，载广东省台山县政协文史委员会编：《台山文史第12辑》，1990年。

3.黄燮主编：《篮球》，农业出版社1991年版。

4.吴彩只编著：《新中国首任国家排球队教练马杏修》，载中国人民政治协商会议广州市东山区委员会学习文史资料委员会编：《东山文史资料第3辑》，1994年。

5.吴彩只编著：《新中国首任国家排球队教练马杏修（续文）》，载中国人民政治协商会议广州市东山区委员会学习文史资料委员会编：《东山文史资料第4辑》，1995年。

6.江门五邑百科全书编委会编：《江门五邑百科全书》，中国大百科全书出版社1997年版。

7.黄穗生：《修建越秀山体育场小记》，载广州市地方志办公室编：《广州话旧〈羊城今古〉精选（1987—2000）上》，广州出版社2002年版。

8.麦博恒编著：《马杏修：新中国第一任国家男子排球队教练》，载中国人民政治协商会议广东省台山市委员会编：《星熠台山》，2009年。

9.麦博恒编著：《中国排球之乡：台山》，载中国人民政治协商会议广东省台山市委员会编：《星熠台山》，2009年。

10.李锦桃主编：《台山第一中学建校一百周年纪念（1909—2009）》，2009年。

马杏修故居

马杏修故居位于今台山市白沙镇下屯千秋里47号，门前0.5米处坐标点为北纬22° 14′ 19.71″、东经112° 36′ 54.39″。

马杏修故居原有建筑已不存，现有楼房系在原屋基址上重建，原有风貌已无法得知。现有房屋为两层楼房，钢筋混凝土结构，外墙贴粉色瓷砖。因

马杏修故居现状

下屯千秋里俯视

无法进入，内部结构不详。

　　马杏修故居南靠山地，周边为农田。村南有一条小河汇入白沙河，相距不过两百米，自然环境较好。千秋里村北有一所千秋学校，为砖瓦结构建筑，两进，两层，后为大厅。正门开四窗，窗上侧装饰巴洛克风格半圆形遮檐。

（九）吴鼎新（1876—1964）

广东开平人。原名旭，字济芳，号在民。教育家，原广东国民大学校长。1882年，至广州学习诗赋、制艺。1889年，考取秀才。1892年，他意识到八股文于实际无用，遂不复参加科举考试，于是跟从蔡最白学习数学课程，并涉猎科学图书。1894年春，他考取京师大学堂师范馆博物科，受到教育救国思想影响，决定投身教育事业；同年冬，他于寒假返回家乡，创办了育英小学堂，这是开平县第一所小学。1898年，以最优成绩毕业，奖举人、内阁中书，加五品衔，被任命为广西提学司实业科科长，兼任广西优级师范学堂教师、广西工业教师讲习所所长、公益小学义务校长。1910年，升用为知府；同年秋，调任至广东，参加了孙中山领导的民主革命运动。辛亥革命爆发后，选任广东省议会代议士，不久改任省议会秘书长和广东高等师范学校教务长兼教授。1913年，辞省议会秘书长之职，改任广东省教育司第一科科长，1914年5月至1917年9月，任省政府政务厅教育科科长。1917年，国民政府因其在教育工作中贡献卓著，先后授予六等嘉禾勋章与"教敷岭海"匾额。同年，他率团至日本、菲律宾考察教育，该年秋回国后，即任广西教育厅厅长。1918年，奉命赴美国、加拿大考察教育行政事务。1919年，回到广州复任广东高等师范学校教授；同年，受开平县政府之托，与谢作康、关隽等人至香港募捐开平县立中学之建校款项。1921年，再赴美、加两国考察教育，同时兼任开平县建校募款专员，向华侨进行募捐，历时6年。1927年回国，创立开平县私立开侨中学，任该校首任监督兼永久董事；同年，任私立广东国民大学校董兼校长。任校长期间，他增设了教育系，培养了大批师范教育人才，并多次为学校赴国外筹款。1935年至1936年，至菲律宾、新加坡募款。回国后，以所募之款为学校扩建了图书馆、仪器室，并新建华侨纪念馆。同期，奉命兼任广东省县长考试典试委员、特种考试典试委员、高等文官考试西南区典试委员、中央赈济会广东省主任监赈委员、国民经济建设运动委员会委员等职务。1937年，又至马来西亚募捐校款。1938年，广州失守前，他于新加坡急电指示大学迁至自己家乡开平楼岗，并在香港新界设青山分校，后又于九龙何文田设分教处，中学部迁至台山白沙。1939年春，他回国并于韶关任广东省临时参议会议长。1941年12月，香港沦陷后，在港的国民大学停办。次年，港校迁至韶关，先设分教处于黄田坝，后迁至东堤。国民大学师生分别于开平与韶关继续教学。1943年，因地方狭小，他向北江公司租冲瑶山建造临时校舍。1944年夏，韶关战事紧张，他率领一部分韶关师生辗转罗定太平、罗境、泗沦等乡避难；同年10月至茂名，借茂名师范与茂名中学授课。1945年春，又迁至阳春春湾；同时，留守韶关的师生迁至和平、龙川彭寨等地，开平楼岗的师生迁至张桥乡。1945年8月，抗战胜利，国民大学迁回广州荔湾原校址，仍任校长。1949年，移居北婆罗洲，专心著述。1958年起，定居香港。1964年1月10日，因病去世。

参考文献

1.周邦道：《近代教育先进传略初集》，1981年。

2.中国人民政治协商会议广东省广州市委员会文史资料研究委员会

编：《广州文史资料专辑：广州近百年教育史料》，广东人民出版社1983年版。

3.广州市地方志编纂委员会编：《广州市志·卷十九·人物志》，广州出版社1996年版。

4.李穗梅主编：《孙中山与帅府名人文物与未刊资料选编》，广东科技出版社2011年版。

5.何国华：《广东历代著名教育家评传》，广东人民出版社2014年版。

6.李秉谦编著：《一百年的人文背影：中国私立大学史鉴·第四卷·浴火重生（1937—1945）》，陕西师范大学出版总社2016年版。

7.刘绍唐主编：《民国人物小传（第十二册）》，上海三联书店2016年版。

吴鼎新故居及广东国民大学旧址

吴鼎新故居位于今开平市长沙街道楼岗冈东升村委会上冈一村17号，门前0.5米处坐标点为北纬22°23′13.04″、东经112°37′40.13″。

吴鼎新故居为三间两廊式民居建筑，整体为砖木结构，上铺碌筒瓦，下为红砂砖铺地，清水砖墙墙面。从总平面看，现该宅两廊为一横墙分割为空间占比前三后二的两部分，占比五分之二的后端与厅堂为一体。正厅后端设一横板，形成小阁楼状，前为四水归中之天井。两廊中东廊一端设灶台，且有烟囱连通至室外，一端以木板隔开堆放杂物；西廊现堆满杂物，无法进入。厅堂后端横梁多加有两道木梁，作防盗之用。

该宅保存状况较差。屋顶遍布杂草，内外墙长有杂草与苔藓，受潮严重。木质梁椽枋坏情况较严重。东廊北端屋顶塌陷面积较大，木梁折断，板瓦散落地面，其稍南处亦有一处塌陷。西廊北端屋顶生长有一株树木。建筑构件大体为原物，但空间整体性保存不佳。房屋现已无人居住，由其远房亲戚代为看管。

吴鼎新故居俯视

吴鼎新故居外墙

吴鼎新故居天井

吴鼎新故居正厅

　　吴鼎新故居处于苍江与潭江汇合之处，地势平缓开阔，间有低矮的小丘，附近农田较多，水源充足，背靠矮丘，池塘环绕，自然环境良好。

　　故居所在的东升村人文氛围较为浓厚，不仅有村民自发建设的家塾，也有真宁吴公祠与敬礼吴公祠等祠堂建筑，其内外装饰性的壁画、题词等都有浓郁的教化意味。广东国民大学旧址位于今开平七中校内。据该校校长介绍,1938年年初,私立国民大学已有教职员到楼岗圩寻找地块,以备广州战事紧张之时大学迁移之用。到广州沦陷后,国民大学部分师生即迁至楼岗圩现开平七中校内。但国民大学原所建的建筑物均已不存,唯留下一座总务处楼,可惜在20世纪80年代也被拆除。在校园内参观一圈,未发现任何与国民大学有关的线索。

开平七中西北门外为搂东路,即民国时期的楼岗圩,街道两旁保留有较多骑楼,骑楼多为砖木结构,一般是两层或三层,临街开门,正立面有中国传统式或欧亚混合的文艺复兴式、巴洛克式风格装饰。街道以西尽头为镇海水边的码头。镇海水又名苍江,是潭江的一级支流,顺河而下可至开平三埠、新会,由崖门汇入黄茅海,并可经江门水道、会城河等沟通江门埠,是民国时期繁荣的商贸路线。该地亦走出不少名流,如著名的地质学家吴尚时、广东公立法政专门学校与东吴大学教授吴尚鹰、实业家吴荣治等。

东升村俯视

广东国民大学旧址(开平七中)

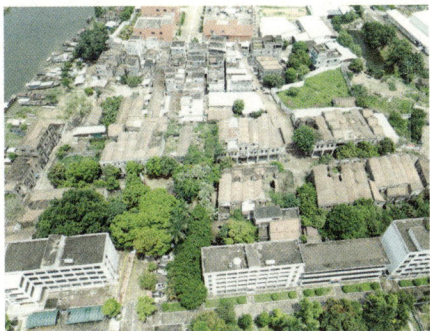

楼岗圩远视

楼岗圩骑楼

（十）黄玉瑜（1902—1942）

广东开平人。中国近代第一代著名建筑师。1925年，毕业于美国麻省理工学院，获建筑科学士学位。毕业后参与了包括华盛顿大厦、哈佛大学哈佛医学院万德比特宿舍和费边大厦，以及纽约康奈尔医院等重要地标性、公共建筑的设计。1929年，黄玉瑜应南京市工务局局长林逸民等人邀请，携家人回到南京，为南京城市规划和现代中国建筑的发展做出了十分重要的贡献。1929年6月，受聘担任南京国都设计技术专员办事处技正，襄助美国建筑师茂菲（Henry K. Murphy）、工程师古德利奇（Ernest Payson Goodrich）编制《首都计划》；与此同时，他受聘担任铁道部技正。1930年1月至7月，黄玉瑜受聘于总理陵园管理委员会，担任专任建筑师。在此期间，他为南京中山陵设计了陵墓前的喷水池。1930年，黄玉瑜回到广东，负责广东信托公司建筑设计业务。在粤期间，黄玉瑜设计了岭南大学女生宿舍（今中山大学广寒官）、广州长堤孙逸仙纪念医院（今中山二院）、泰康路华安楼等一批地标性建筑。黄玉瑜还积极投身建筑教育。他曾先后担任岭南大学土木系教授，以及勷勤大学、中山大学建筑系教授等职，为岭南建筑教育做出了重要贡献。1935年2月，在与陈荣枝、杨锡宗两位广州著名建筑师的竞标中，黄玉瑜的设计获得孙逸仙博士医院筹委会的认可，被确认为实施方案。1938年9月，黄玉瑜在日军猛攻广州的危难时刻，任职于新组建的中山大学建筑系，并在广州沦陷后离开香港，随校西迁，辗转前往云南澄江。后来，他毅然加入雷允飞机制造厂，负责云南瑞丽厂区的建筑设计工作，并在该厂毁于战火后，率技术人员前往云南保山勘测选址。1942年5月4日，日军对保山进行了惨无人道的大轰炸，黄玉瑜不幸中弹，因伤重不治壮烈殉国。

个人著作

1.《How To Appreciate Architecture》（如何鉴赏好建筑），《南大工程》1935年第3卷第1期。

参考文献

1.钱昌祚：《浮生百记》，台北传记文学出版社1975年版。

2.广州市政协文史资料委员会编：《世纪回忆——林克朋回忆录》，广州出版社1995年版。

3.汤亦新：《忆中央飞机制造厂》，《航空史研究》1995年第1期。

4.叶肇坦：《在中央杭州飞机制造厂八年的回忆（下）》，《河南文史资料》1998年第1期。

5.黄炎培：《黄炎培日记》，中华职业教育社2008年版。

6.蒲薛凤：《蒲薛凤回忆录》，黄山书社2009年版。

7.余志：《康乐红楼》，商务印书馆（香港）有限公司2004年版。

黄玉瑜故居

黄玉瑜故居位于今开平市蚬冈镇龙盘里。为三间两廊式民居建筑，整体为砖木结构，上铺灰瓦，下为红砂砖铺地，清水砖墙墙面。该屋结构基本完整，但保存状况较差，内部已坍塌。

黄玉瑜故居门前

（十一）黄本立（1925—）

　　祖籍广东江门，出生于香港。光谱化学家，中国科学院院士，厦门大学教授、博士研究生导师，是我国原子光谱分析领域的第一位博士生导师和第一位博士后指导教师。1949年，从岭南大学物理系毕业。1950年，进入长春东北科学研究所工作，历任技术员、助理研究员、副研究员、研究员。黄本立主要从事原子光谱、质谱分析研究。1957年，第一个创立一种可测定包括卤素在内的微量易挥发元素的新型双电弧光源。1960年，在中国建立第一套原子吸收光谱装置并开展研究工作，发表了中国国内首批原子吸收论文。20世纪70年代，提出可同时测定氢化物和非氢化物元素的新型雾化－氢化物发生器。20世纪80年代，为了响应中国科学院关于支援特区建设的号召，应厦门大学时任校长田昭武院士和吴存亚教授之邀来到厦门大学任教。在厦门大学，黄本立从无到有建成了一个在仪器设备水平和研究工作水平都堪称国内一流的原子光谱实验室。在他的不懈努力下，厦门大学的光谱研究，乃至整体的分析化学领域，都始终处在国内高校的一流水平。20世纪90年代，研究强电流微秒脉冲供电空心阴极灯激发原子/离子荧光分析法，降低了多种元素的检出限。1993年，凭借在光谱分析领域的卓越贡献，黄本立当选为中国科学院院士。2005年，获得全国先进工作者称号。60多年来，黄本立院士一如既往，一直奉献于原子光谱分析的研究，在原子发射、原子吸收，以及原子荧光和激光光谱分析的理论、方法、应用和仪器装置等方面，为中国的原子光谱事业的开创、发展及多层次人才的培养做出了重大的成绩和贡献。

个人著作

1.《混合稀土元素光谱图》，科学出版社1964年版。

2.《原子吸收及原子荧光分析译文集》，吉林人民出版社1975年版。

3.《发射光谱分析》，冶金工业出版社1977年版。

4.《分析化学的成就与挑战:中国化学会第七届分析化学年会暨原子光谱学术会议论文集》，西南师范大学出版社2000年版。

5.《材料表征与检测技术手册》，化学工业出版社2009年版。

6.《黄本立院士论文选集》，厦门大学出版社2010年版。

7.《光谱学与光谱分析》，北京大学出版社2010年版。

参考文献

1.《黄本立》，《光谱学与光谱分析》1992年第3期。

2.白蓝:《德乐为祖国育英才——记中科院院士、原子光谱学家黄本立教授》，《厦门科技》1996年第2期。

3.闻羽:《耕耘在光谱化学领域——记中科院院士、福建省劳模黄本立》，《政协天地》2005年第12期。

4.林俊越，宋增福，王文书:《热烈祝贺黄本立院士80华诞》，《光谱学与光谱分析》2005年第8期。

5.王秋泉，许金钩:《德高望重，硕果辉煌——热烈祝贺我国著名光谱分析化学家黄本立院士八秩华诞》，《分析化学》2005年第9期。

6.《黄本立院士深度评析我国原子光谱分析——访厦门大学黄本立院士》，《光谱学与光谱分析》2011年第6期。

7.林俊越，颜晓梅，杭纬：《贺黄本立院士九十华诞》，《光谱学与光谱分析》2015年第9期。

8.杨聪凤，王尊本，林峻越：《绚丽多彩的光谱人生：黄本立传》，中国科学技术出版社2017年版。

9.黄本立：《黄本立院士访谈录》，《中国光学》2022年第3期。

（十二）陈焕镛（1890—1971）

祖籍广东新会，出生于香港。字文农，号韶钟。是我国近代植物分类学的开拓者和奠基人之一，创建了我国早期的植物研究机构——中山大学农林植物研究所。早年就读于广肇中学。1909年赴美国就学，1913年入哈佛大学，1919年取得林学硕士学位。1919年回国后，先是接受哈佛大学的委托，赴海南岛五指山采集，成为登上祖国南部岛屿采集标本的第一位植物学家。1920年至1926年，相继受聘南京金陵大学、南京东南大学教授。1924年至1925年间，曾赴美国鉴定标本一年。1926年后，转入广州中山大学任教授，一直到1954年，曾相继兼植物学系主任、理学院院长。1928年，在中山大学创办植物研究室，翌年扩充为植物研究所，后又改名为农林植物研究所、植物研究所，任所长。1930年，创办以孙中山为刊名的研究所学术刊物——《中山专刊》（Sunyatsenia）。该刊为英文版本，自1930年创刊至1948年止共出版七卷六期，刊载以植物分类学为主的植物学专业论文。这是一本具有较高学术水平的研究中国植物的重要刊物，在国内外有一定影响。同年，他应邀参加在印度尼西亚雅加达召开的第四届太平洋科学会议。8月，他作为中国5人代表团的团长，出席在英国剑桥大学召开的第五届国际植物学会议，并代表中国植物学家向大会致贺词。会议中，他发表了名为《中国近十年来植物学科学发展概况》的专题报告，内容述及我国植物学的发展及从事教学与科研的中国学者的奋斗开拓精神，其发言为我国在国际植物命名法规审查委员会中争得两票选举权。会上，他和胡先骕两位学者首次被选为该委员会的代表，成为我国加入国际植物学会及成为命名法规委员会成员国的开端。1933年，他与钱崇澍、胡先骕等共同倡议创立中国植物学会，同年被选为学术评议员兼《中国植物学杂志》编辑。1934年至1936年，任该学会副理事长、理事长。

1935年，受广西大学的邀请，又在该校创设经济植物研究所，兼任所长和广西大学森林系教授、系主任。1949年中华人民共和国成立后，被选为全国人民代表大会第一、二、三届人大代表。1951年，受中国科学院的委托，任中国四人代表团团长，出席在印度新德里召开的"南亚栽培植物起源与分布"学术讨论会。会上他发表演讲，从中国古农学和遗传学的观点谈到水稻的起源。他的见解及精辟的词语使与会者无不叹服中国的古文化和科学成就。1954年，中国科学院接收中山大学植物研究所和广西大学经济植物研究所，分别改名为华南植物研究所和华南植物研究所广西分所，任命他为华南植物研究所研究员、所长，兼广西分所所长。1955年，被选聘为中国科学院学部委员。1959年以后，被聘任为《中国植物志》副主编，旋即移居北京，以主要精力主持这部我国植物分类学巨著的编纂工作。陈焕镛先生是我国植物分类学的开拓者和奠基人，在开发利用和保护祖国丰富的植物资源、研究植物分类学、建设植物研究机构、培育人才、搜集标本等多方面付出了毕生心血，对发展我国植物科学做出了重要贡献。

个人著作

1.《中国植物图谱》第一卷，上海商务印书馆1927年版。

2.《中国植物图谱》第二卷，上海商务印书馆1929年版。

3.《中国植物图谱》第三卷，北平静生生物所1933年版。

4.《中国植物图谱》第四卷，北平静生生物所1937年版。

5.《中国植物图谱》第五卷，北平静生生物所1937年版。

6.《中国植物志》，科学出版社1959年版。

7.《海南植物志》，科学出版社1964年版。

参考文献

1.何贻赞：《我国植物分类学的奠基者陈焕镛教授——纪念陈焕镛教授诞辰一百周年》，《中国科技史杂志》1990年第3期。

2.陈德昭，黄成就：《记陈焕镛在国际活动中的光辉业绩》，《广西植物》1993年第2期。

3.陈德昭，黄成就：《陈焕镛的敬业本色》，《广西植物》1993年第3期。

4.徐燕千：《缅怀吾师陈焕镛教授》，《中国科技史料》1997年第2期。

5.张忠林，陈照平：《江门五邑名人辞典》，广东教育出版社2005年版。

6.蓬江名人略述编委会编著：《蓬江名人略述》，中国华侨出版社2021年版。

7.易芝娜：《躬行华南大地·陈焕镛的植物保护路》，《科学大观园》2022年第10期。

（十三）梁宗岱（1903—1983）

祖籍广东新会，出生于广西百色。我国现代文学史上一位集诗人、理论家、批评家、翻译家于一身的罕见人才。1917年考入广州培正中学，在广州培正中学读书时，主编校刊《培正学校》和《学生周报》，并加入文学研究会。1923年秋入岭南大学习文科，次年踏上他向往已久的法兰西土地。留法期间，结识了法国象征派诗歌大师保尔·瓦雷里，并将其诗作译成中文，寄回国内刊在《小说月报》上，使法国大诗人的精品著作首次与中国读者见面。后赴意大利留学并游览欧洲，学习德、英、法、意等国语言，在刊物发表译作。回国后，受聘任北京大学法学系主任，清华大学讲师，南开大学、复旦大学教授。抗日战争胜利前夕，到广西与友人创办广西西江学院，任代理院长。1950年10月，出席广西人民代表大会。曾被诬入狱，出狱后受聘中山大学教授、广州外语学院教授。"文化大革命"期间遭迫害，后恢复名誉。翻译过莎士比亚的诗歌和歌德的《浮士德》等名著。代表作有《梁宗岱选集》、诗集《晚涛》、词集《芦笛风》、论文集《诗与真》等。1970年，中山大学外语系并入广州外国语学院，他随外语系转入广州外国语学院，任法语教授。1983年11月6日辞世。

参考文献

1.甘少苏：《梁宗岱简历》，《新文学史料》1985年第3期。

2.黄建华：《笑看生活的诗人——梁宗岱先生二三事》《广东史志》2003年第3期。

3.杨铜，李春红：《论梁宗岱在文学史上的地位》，《海南广播电视大学学报》2003年第4期。

4.林笳：《梁宗岱与歌德——纪念梁宗岱诞辰一百周年》，《广东外语外贸大学学报》2004年第1期。

5.张忠林，陈照平：《江门五邑名人辞典》，广东教育出版社2005年版。

6.刘志侠，卢岚编：《梁宗岱选集》，中央编译出版社2006年版。

7.高媛：《梁宗岱研究综述》，《文史资料》2009年第18期。

8.刘志侠，卢岚编：《青年梁宗岱》，华东师范大学出版社2014年版。

9.陈刀：《梁宗岱的广州往事》，《同舟共进》2016年第9期。

10.刘志侠，卢岚编：《梁宗岱文踪》，广东人民出版社2019年版。

（十四）刘思慕（1904—1985）

广东新会人。原名刘燧元，笔名刘穆、尹穆、刘君木、居山、小默等，化名刘希哲。报刊主编、国际问题评论家、作家。辛亥革命后，随家迁居广州，先后入广州勤业小学、新会县立中学、广州南武中学读书。1919年，五四运动爆发，参加抵制日货的爱国行动，担任广州市学生联合会学艺部长，与同学筹款出版《猛进》刊物。1923年，考入岭南大学读文科，课余到附中兼课，又与同学甘乃光、梁宗岱等发起组织广州文学研究会，编辑出版《文学旬刊》，更积极地投身新文化运动。1925年年初，加入中国国民党；6月，参加学校职工罢工和"六二三"沙基惨案示威游行。1926年离开岭南大学，先后任海军政治部宣传科科员、中国国民党广东省党部宣传部秘书（部长甘乃光），同时兼任省立女子师范学校教员。11月，前往苏联进入莫斯科中山大学第五班学习。1927年回国，脱离国民党，与进步文化人士交往，先后在北平（今北京）北新书局、上海远东图书公司任编辑。1932年，自费赴欧，先就读于法兰克福德国左派社会民主党办的社会科学学院，后转往奥地利维也纳大学经济系学习。1933年秋回国，进入共产国际远东情报局从事地下革命工作，先后在上海、武汉、南京打入国民政府的机关，搜集情报并译成英文提供给第三国际情报局和中共有关部门。1935年后，因交通员被捕叛变，刘思慕被特务追捕，于1936年春逃往日本。1937年七七事变后，他从日本回到上海，在国际宣传委员会工作，后被冯玉祥邀往武汉，做讲演、宣传工作。1938年秋，南下香港，在胡愈之等创办的国际新闻社香港分社担任国际问题专栏作者，同时被选为中国青年新闻记者学会香港分会理事，并在该会创办的中国新闻学院讲授国际新闻课。抗日战争胜利后，在广州美国新闻处工作。1945年年底，任香港《华商报》总编辑，兼任中国新闻学院院长，主讲社会研究。1949年新中国成立后，历任上海《新闻日报》总编辑兼市文化局副局长、外交部国际关系研究所副所长兼《世界知识》出版社社长、中国社会科学院历史研究所所长等职。1957年，加入中国共产党。曾被选为第一、二、三届全国人民代表大会代表，第一、五、六届全国政协委员，中国民主同盟中央常务委员。1985年2月逝世。

参考文献

1.刘士昀：《父亲的熏陶使我与新闻工作结缘——痛忆我敬爱的父亲刘思慕》，载姚尔融主编：《新闻战线》，1985年。

2.张海麟：《一生行踪半天下 满纸文墨献华夏——读刘思慕的〈第二次世界大战历史与现实〉》，《军事历史研究》1992年第1期。

3.麦浪：《刘思慕的孺子牛精神》，《广东党史》2005年第3期。

4.厉华：《学者的风范 永恒的榜样——忆刘思慕先生》，《世界历史》2005第6期。

5.中国社会科学院科学局编：《刘思慕集》，中国社会科学出版社2016年版。

（十五）朱化雨（1906—？）

　　祖籍广东新会，成长于东南亚。教育家。1923年入读暨南大学附中师范科，中途返回南洋华侨小学服务。后升入暨南大学教育学院，1931年毕业。毕业后任职于新加坡南洋女高师范，1933年归国，历任台山县立师范、番禺县立师范、广东省立第一师范、私立南武中学、省立勷勤大学教育学院等校职员，后任惠群小学校长、国立中山大学教育研究所职员，后入读日本九州帝国大学研究院教育专攻科。研究生毕业后归国。1937年起，先后任广州第二中学训育主任、广州大学附属中学澳校教师、广西省政府秘书参议、广西省教育厅设计专员、香港中学校长、国立广西大学建筑委员，1939年10月任国立广西大学教授兼先修班主任，教授伦理学等。后任广西省干部训练团教官，兼任广西省国民军事教育委员会委员等职，并筹建西江学院，参与编撰《国民中学课程标准》。1944年，豫湘桂战役后，任职于中山大学。1947年2月，任陆军大学专任教官。1948年，任陆军大学校本部教育处辅助教官。

个人著作

1.《笑的意义（待续）》，《晦鸣》1930年第1卷第2期。

2.《谢湘三年教育计划的总检讨》，《南国》1932年第1卷第6期。

3.《学校扩充教育之理论与实际：学校推广事业之功用与范围》，《教育与民众》1934年第5卷第9期。

4.《启事：南洋华侨教育调查研究出版》，《国立中山大学日报》1936年第2133期。

5.《南洋华侨教育调查研究》，1936年。

6.《国防教育之重要性及其特质》，《社会与教育》1937年第1卷第4期。

7.《最近华侨的动向（上）（附表）》，《社会科学（广州）》1937年第13期。

8.《华侨事业研究部刍议》，《社会科学（广州）》1937年第1卷第14期。

9.《华侨社会教育与祖国革命》，《社会科学（广州）》1938年第2卷第1期。

10.《试拟广州大学战时教育实施方案》，《社会科学（广州）》1938年第2卷第1期。

11.《华侨总动员之重要性》，《华侨战线》1938年第2期。

12.《国民中学课程编制及地方教材问题》，《国民教育指导月刊（桂林）》1943年第2卷第9期。

13.《建军建国须建教》，《建国青年》1946年第1卷第4期。

参考文献

1.陈予欢编著：《陆军大学将帅录》，广州出版社2009年版。

2.庄泽宣：《华侨教育改进的商榷》，载姚尔融主编：《苏岛华商糖米杂货公会十周年纪念特刊（1932—1941）》，1941年。

3.吕家伟，赵世铭编：《港澳学校概览》，中华时报社1939年版。

4.中国教育学会编：《三十三年中国教育学会年报》，中华书局1944年版。

（十六）卢干东（1908—1992）

广东新会人。比较法学家、外国法制史学家。出生于法学家庭，父亲曾任广东法政学堂（广东公立法政专门学校，中山大学法学院前身）校领导。1923年，肄业于广州中学。1925年，入读广东大学法律系，遭遇父亲去世，他白天在大学听课，晚上在夜校教书，勉强度日。1929年毕业，获法学学士学位，取得赴法留学资格。抵法后就读于里昂中法大学，师从比较法大家朗贝尔教授，1934年获法学博士学位。同年，参与于里昂召开的国际市政会议，其博士论文《中国市政发展史》被摘要收入该会议刊物。毕业当年回国，次年任职于中山大学，讲授罗马法、法理学、劳工法和英美法等课程。兼任广州法学院教务长、院长。1939年，随中山大学法学院举家迁往云南澄江。1940年秋，随校迁至湖南宜章栗源堡。抗战胜利后，返回广州。1947年广州法学院复校，任教务主任，并代理实际院务。1951年，任私立华南联合大学法学院院长、教授。1953年后，先后在湖北大学、武汉大学任职。20世纪80年代初，创建了武汉大学法文系与法国问题研究中心，并任法语专业教授、法国语言文学系主任兼法国问题研究所所长，还担任《法国研究》主编、名誉主编。1984年至1988年，任民革湖北省委常委，并于晚年加入中国共产党。《法国研究》对其做出如下评价："他学识渊博，治学严谨，在法语语言文学和法律学方面有很深的造诣。"谢健弘发表《挽卢干东教授联》:"博士东归,鸾凤双清,华夏教坛昭盛誉;文骖西去,弦歌辍响,岭南雅集缅龙头。"其在去世后留有遗言:"身后不举行追悼会,不向遗体告别,将我的骨灰撒向珠江河畔。"

个人著作

1.《中国市政发展史》,博士学位论文,里昂中法大学,1934年。

2.《罗马法纲要》,1946年。

3.《法理学》,1947年。

4.《劳工法》,1948年。

5.《狄骥反动国家学说的初步批判》,《武汉大学人文科学学报》1956年第1期。

6.《国家与法通史纲要》,武汉大学出版社1957年版。

7.《狄骥反动法律学说的初步批判》,《武汉大学人文科学学报》1957年第2期。

8.《政治学说纲要》,湖北大学出版科1962年版。

9.《法国是比较法学的故乡——兼论比较法的发展》,《法国研究季刊》1983年第2期。

10.《拿破仑法典的制定及其基本原则——为该法典制定180周年而作》,《法国研究季刊》1984年第4期。

11.《勒内·达维对法国比较法的贡献》,《法国研究季刊》1985年第4期。

12.《略谈比较法的现状》,《中山大学学报(哲学社会科学版)》1986

年第3期。

译作

1.米·卓尔杰维奇：《南斯拉夫社会主义联邦共和国的新刑法》，《法学译丛》1979年第1期。

2.伊·加·伊奥安原作：《罗马尼亚按照劳动质量给付报酬法的基本原则》，《法学译丛》1979年第1期。

参考文献

1.莫擎天：《广州法政专门学校的建立及其变迁》，载中国人民政治协商会议广东省广州市委员会文史资料研究委员会编：《广州文史资料第13辑》，1964年。

2.王凤琴等编：《中国社会科学家辞典·现代卷》，甘肃人民出版社1986年版。

3.《本刊顾问卢干东教授逝世》，《法国研究》1992年第1期。

4.中法大学校友会编：《永远的情怀：中法大学建校八十周年纪念（1920—1950）》，北京理工大学出版社2000年版。

5.吕章申主编：《中国近代留法学者传》，紫禁城出版社2008年版。

6.王伟：《中国近代留洋法学博士考（1905—1950）》，上海人民出版社2011年版。

7.卢允萍：《回忆我的父亲卢干东先生》，载何勤华编：《孤寂的辉煌：外法史学人随笔》，商务印书馆2017年版。

8.吕雅璐：《抗战烽火中的中山大学》，中山大学出版社2017年版。

9.武汉地方志编纂委员会主编：《武汉市志·卷三·政党志》，武汉大学出版社1998年版。

（十七）陈国达（1912—2004）

广东新会人。地质学家，活化构造学说和递进成矿理论的创立者。国际地质界称他为"地洼学说之父"。中南大学教授，国务院批准的首批博士生导师。1928年，考入中山大学理学院。1934年，于中山大学毕业后便赴北平研究院深造，并有幸得到如瑞士大地构造学家海姆、德国经济地质学家古力齐，以及中国早期地质学家翁文灏、矿床学家谢家荣、岩石学家杨杰等名师的指点。20世纪30年代末，他提出的"丹霞地貌"概念被地质界广泛承认与采用。40年代末，他对中国海岸线进行详细研究后，提出"复式岸线"这一创新论点，纠正了自德国李希霍芬以来长期流行的"北升南降"的简单结论。1956年，他在《地质学报》发表意味着"地洼学术"理论诞生的重要标志性文章《中国地台"活化区"的实例并兼论"华夏古陆"问题》，历经22年，创建出举世闻名的地洼学说，并在此基础上创建了壳体大地构造学，发展成为地洼（活化）构造理论体系，在国内外广泛运用于找矿，取得显著成效。地洼学说的诞生被列入世界科学技术史年表。1980年，当选中国科学院学部委员（院士）。2004年，与世长辞，享年93岁。

个人著作

1.《广东之红色岩系》，《国立北平研究院院务汇报》1935年第1期。

2.《广东灵山地震志》,《两广地质调查研究所特刊》1939年第17号。

3.《中国岸线问题》,《中国科学》1950年第Z1期。

4.《中国地台"活化区"的实例并兼论"华夏古陆"问题》,《地质学报》1956年第3期。

5.《地壳的第三基本构造单元——地洼区》,《科学通报》1959年第3期。

6.《地壳动"定"转化递进说——论地壳发展的一般规律》,《地质学报》1959年第3期。

7.《地台活化说及其找矿意义》,北京地质出版社1960年版。

8.《地洼区的特征和性质及其所谓"准地台"的比例》,《地质学报》1960年第2期。

9.《大地构造的哲学问题》,《科学通报》1963年第2期。

10.《地洼区——后地台阶段的一种新型活动区·中国大地构造问题》,北京科学出版社1965年版。

11.《1:400万中国大地构造图》,北京地图出版社1977年版。

12.《中国大地构造概要》,北京地图出版社1977年版。

13.《成矿构造研究法》,北京地质出版社1978年版。

14.《南北地洼区及其与中国地壳演化分异及青藏高原隆起原因的关系》,《大地构造与成矿学》1979年第3期。

15.《地洼学说及其实践意义》,载国家地质总局:《中国国际交流地质学术论文集(第1册)》,北京地质出版社1980年版。

16.《地洼学说文选》,中南工业大学出版社1986年版。

17.《怎样进行科学研究》,北京科学出版社1991年版。

18.《地洼学说——活化构造及成矿理论体系概论》,中南大学出版社

1996年版。

19.《亚洲陆海壳体大地构造》，湖南教育出版社1998年版。

20.《云南铜−多金属壳体大地构造成矿学》，中南大学出版社2004年版。

21.《陈国达全集》，中南大学出版社2009年版。

参考文献

1.赵一阳，刘以宣：《介绍陈国达著〈地台活化说及其找矿意义〉一书》，《科学通报》1961年第1期。

2.蔡嘉猷，石尧阶，杨心宜：《陈国达教授著作目录初编》，《大地构造与成矿学》1982年第1期。

3.陈国达：《陈国达地洼学说文选》，中南工业大学出版社1987年版。

4.诸大建：《陈国达及其创立地洼学说的道路》，《自然杂志》1988年第3期。

5.孙希贤，邓军：《陈国达学术思想的科学性、前沿性和外延性初探》，《大地构造与成矿学》1991年第4期。

6.欧济霖：《青山踏遍见真知——地质学家陈国达和他的"地洼学说"》，《五邑大学学报（自然科学版）》1994年第6期。

7.邵伏先：《地质学泰斗——陈国达》，《人事与人才》1997年第1期。

8.龙淑贞，汪灵：《陈国达与地洼学说》，《大地构造与成矿学》2002年第1期。

9.钟建华：《著名大地构造学家陈国达逝世》，《地质科学》2004年第3期。

10.龙淑贞：《大地之子：陈国达传》，中南大学出版社2007年版。

（十八）陈原（1918—2004）

广东新会人。中国语言学家，编辑出版家，世界语专家。1938年，毕业于中山大学土木工程系。国难当头，他毅然放弃有稳定收入的工程师职位，转而从事居无定所的抗日救亡宣传。1939年在桂林加入新知书店后，编书编刊之余，辛勤地耕耘在创作、翻译等领域，贯穿始终的是救亡和启蒙主题，陆续出版了《中国地理基础教程》《苏联的电影戏剧与音乐》《现代世界地理之话》等十余部作品，翻译也成绩斐然，涉及诗歌、戏剧、小说、传记、音乐、政论等门类。1949年后，陈原走上出版管理岗位，先后在三联书店、世界知识出版社、国际书店、人民出版社、文化部出版局担任领导工作，同时兼及文字改革活动和世界语活动。历任中国国际书店副经理、三联书店编辑室主任、人民出版社副总编辑。后任文化部出版局副局长，商务印书馆总编辑兼总经理、顾问，国家语言文字工作委员会副主任，中国社会科学院语言文字应用研究所所长，中国出版工作者协会第一、二届副主席，中华全国世界语协会副理事长，世界控制论、信息论、系统论学会（TAKIS）国际理事会副主席，国际科学院（AIS）最高评议会委员，国家语言文字工作委员会主任。1979年10月，他以作家身份参加第四次全国文学工作者代表大会。之后，他不得不跨出文学界，致力出版事业尤其是国家辞书规划和编纂工作，负责《辞源》的修订工作，担任《汉语大词典》《汉译大字典》等多部国家重点辞书的学术顾问，主持商务印书馆《汉译世界学术名著丛书》出版计划，主编"以书为中心的思想评论杂志"《读书》。1984年，陈原担任中国文字改革委员会（1985年改为国家语言文字工作委员会）副主任，创办了中国社会科学院语言文字应用研究所。所著《语言与社会生活》《社会语言学》《在语词的密林里》都深受读者喜爱，其中《社会语言学》是中国第一部社会语言学专著。直到晚年，他回归散文创作，出版《黄昏人语》《重返语词密林》等随笔集，以语言尖锐泼辣、思想深刻睿智而获得赞誉。

同时，陈原还是出版界出名的演讲者，从1977年到2001年，他在各种场合发表的各类演讲难以细数。其演讲有工作报告、学术报告、知识讲座等，涉及主题有语言学、编辑出版和辞书编纂、世界语。他的多部著作皆由演讲稿结集而成：《社会语言学论丛》收录了其1981年至1986年的演讲记录和报告提纲，《社会语言学专题四讲》是其1988年应中国社会科学院研究生院语言系之约给社会语言学硕士研究生做的系列演讲，《语言和人》是其二十世纪八九十年代关于社会语言学的演讲，《变异与应变》是其1991年在香港做的语文教育讲座，《总编辑断想》是其1993年应香港联合出版集团李祖泽总裁之邀给出版机构领导做的演讲。此外，他还多次出国考察，参加国际学术活动，如1981年率领中国作家、翻译家代表团访美，1984年参加莫斯科国际书展、第二十二届国际出版家大会，考察加拿大术语信息库。他回国后在北京、天津、上海等地多次做学术报告或专题演讲，参与并见证了20世纪80年代初改革开放的历程。其关于语言与社会生活、语言的污染与净化、编辑的自我修养等主题报告，都是产生持续影响力的演讲。陈原的最后一次演讲，是2001年9月4日在商务印书馆做的《〈辞源〉三主编》报告，借悼念8月6日去世的黄秋耘，追怀刘叶秋、吴泽炎和黄秋耘三位主编修订《辞源》的巨大贡献。2004年10月26日，陈原因病去世。2006年11月

4日，"陈原逝世两周年追思会"在商务印书馆涵芬楼举行，出版界、语言学界人士及陈原家属会聚一堂，抒发对中国当代著名语言学家、出版家陈原的怀念。

个人著作

1.《二月抗战新歌初集》，新知书店1940年版。

2.《现代世界地理之话》，开明书店1947年版。

3.《变革中的东方》，新中国书店1949年版。

4.《战后美国经济剖析》，生活·读书·新知三联书店1950年版。

5.《美国军事基地网威胁着世界和平与安全》，世界知识出版社1951年版。

6.《苏联学校的地理教学——地理教学参考资料》，生活·读书·新知三联书店1951年版。

7.《社会语言学》，学林出版社1983年版。

8.《书和人和我》，生活·读书·新知三联书店1994年版。

9.《记胡愈之》，生活·读书·新知三联书店1994年版。

10.《陈原出版文集》，中国书籍出版社1995年版。

11.《黄昏人语》，上海远东出版社1996年版。

12.《陈原散文》，浙江文艺出版社1997年版。

13.《书林漫步》，生活·读书·新知三联书店1998年版。

14.《陈原语言学论著》，辽宁教育出版社1998年版。

15.《语言与社会生活：社会语言学札记》，生活·读书·新知三联书店

1999年版。

16.《遨游辞书奇境》，商务印书馆2000年版。

17.《界外人语》，商务印书馆2000年版。

18.《大地的语言》，山东文艺出版社2001年版。

19.《重返语词的密林》，辽宁教育出版社2002年版。

20.《隧道的尽头是光明抑或光明的尽头是隧道》，商务印书馆2002年版。

21.《我的小屋，我的梦——六十年往事：如歌的行板》，浙江文艺出版社2005年版。

参考文献

1.庄建：《永远年轻的陈原》，《世界》1999年第Z5期。

2.秦人路：《由处理稿件积压想到陈原的信》，《出版史料》2005年第1期。

3.王新善：《读陈原的信有所思》，《出版史料》2005年第4期。

4.李景端：《"盯住前人，想着后人"——回忆陈原先生出版观》，《出版参考》2006年第32期。

5.方厚枢：《"无名英雄"的甘苦——从陈原同志对编辑工作的一件批语说起》，《中国编辑》2007年第1期。

6.柳凤运：《陈原：一身正气、多有建树的编辑家、出版家》，《中国编辑》2007年第2期。

7.仝冠军，蔡长虹：《改革开放新时期陈原出版思想研究》，《中国出版史研究》2017年第3期。

8.俞晓群：《写在陈原百年诞辰之际》，《文化学刊》2018年第7期。

9.苏金智：《陈原先生的社会语言学研究及其影响》，《文化学刊》2018年第8期。

10.仝冠军，蔡长虹，张婧：《中国出版家·陈原》，人民出版社2018年版。

（十九）陈灏珠(1927—2020)

　　祖籍广东新会，出生于香港。国际著名心脏专家、医学科学家、医学教育家，我国最早研究心脏病流行病学的学者之一。1941年，太平洋战争爆发，香港沦陷，随全家回到了广东省新会县。1943年从广东临时省会韶关市中学毕业后，考入当时流落到粤、湘、赣交界处的国立中正医学院医学本科。1948年以优秀的成绩被学校选送到国立上海医学院附属中山医院（现复旦大学附属中山医院）实习，1949年毕业后被留在中山医院内科，从此踏上了治病救人的临床医师之路。从住院医师到主治医师再到主任医师，从中山医院心内科主任到上海市心血管病研究所所长，半个世纪来，陈灏珠一直工作在临床第一线。1950年，他响应上海市政府号召到上海郊区为解放军防治血吸虫病，荣立三等功。1951年，参加抗美援朝医疗队，获得中国人民解放军后勤卫生部颁发的立功奖状。1968年，在贵州省威宁县巡回医疗一年，坚持巡回救治病人，赢得了当地群众普遍的赞扬。1969年云南通海大地震，他连夜飞往灾区，为灾民服务3个月。1975年，美国血吸虫病学代表团副团长巴茨博士在江苏无锡访问期间突发急性心肌梗死并发严重室性心律失常和心力衰竭。陈灏珠担任由无锡和上海医务工作者组成的治疗小组组长，经奋力抢救，病人最后康复回国。此事被美国《内科文献杂志》（*Archives of Internal Medicine*，1976年，126卷，第7期）详细报道，并同时发表了美国著名心脏病专家E.G. Dimond教授的特别评论。他写道："中国医生的纯正热忧、良好的愿望和他们的献身精神现实地提醒了我们，不论政治制度如何，这些品质是可以并且应该坚持的。"20世纪80年代后，陈灏珠教授在我国心血管病学术界已经颇有声望，但他仍然亲临临床、科研和教学第一线。1997年，当选为中国工程院院士。

作为著名的医学科学家，陈灏珠在心脏病的科研领域成绩卓著，是我国心血管病介入性诊断与治疗主要奠基人之一。20世纪50年代开展右心导管检查，60年代率先进行左心导管、微型导管检查。1973年4月，在国内率先进行选择性冠脉动脉造影并获得成功，开创了我国心血管侵入性诊断的先河，提高了冠心病的诊断水平。1972年，率先主持用起搏法终止快速心律失常并获得成功，达到了国际先进水平，为我国心血管病侵入性治疗的发展奠定了基础。1987年，应邀出席WHO（世界卫生组织）心血管诊断技术咨询会议。1991年，在第九届世界心脏起搏器和电生理会上，报告了我国的起搏工作。他所著《心脏导管术的临床应用》一书被视为侵入性心血管病诊断和治疗的经典著作。1991年，他率先在国内报告血管腔内超声检查显示血管壁病变的研究工作。1995年，在国际会议上报告了论文《冠脉腔内超声检查的临床应用》。

同时，陈灏珠也是我国研究冠心病、动脉粥样硬化和与之相关的血液脂质变化的先驱者之一。他除最早在国内发表心肌梗死的论文外，还率先进行配对调查以阐明其致病危险因素，提出预防策略；率先研究其急性期的血组织型纤溶酶原激活剂的浓度，并提出治疗对策；率先主持冠心病的辨证论治和活血化瘀法治疗冠心病的工作，并阐明其原理。其"丹参治疗冠心病的研究"获1977年上海重大科技成果奖，"血瘀本质及活血化瘀原理的研究"获1978年全国科学大会重大贡献奖。他在20世纪70年代率先主持进行我国健康人大规模血脂含量调查，发现胆固醇、甘油三酯和β脂蛋白值低于西方人，而高密度脂蛋白值则高于西方人，提出这是我国动脉粥样硬化病远较西方少见的主要原因。论文于1982年和1985年在第6届和第7届国际动脉粥样硬化会议上宣读，并且在英国的Aeherosclerosis杂志上发表，他的这一重大研究成果引起国际的关注。

此外，陈灏珠教授又是我国最早研究心脏病流行病学的学者之一，早在20世纪50年代他就高瞻远瞩地提出我国心脏病的病种变迁和流行趋势随人民生活和卫生条件的改善而逐渐与发达国家接近，预测冠心病将逐渐成为最常见的病种并提出防治对策，有关论文获1981年中华医学会优秀论文奖。他主持参加世界卫生组织所牵头的心血管病人群检测工作，使心肌梗死和脑卒中在上海一个有20万人口的检测区中的死亡率降低，与该工作有关的"上海县卫生服务研究"课题获1993年卫生部甲级科技成果奖。1985年和1987年，他在澳大利亚和美国讲学时介绍了我国心血管病的研究现状。

再者，陈灏珠教授是治学严谨的医学教育家，1978年起担任硕士生导师，1981年被定为全国第一批博士生导师。他50余年一直工作在教学第一线，培养了大批医学生、进修生和心血管病专科医师，其中包括3位博士后、34位博士和24位硕士研究生。他的学生遍布全国，有些已成为国内或国际知名的心脏病学专家。陈灏珠还担任许多社会职务，他是中国农工民主党第十、十一、十二届中央委员会副主席，第七、八、九届农工民主党上海市委员会主任委员，1978年当选为第五届上海市政协委员，1983年当选为第六届上海市政协常委，1988年连任第七、八、九届上海市政协副主席，1989年当选第七届全国政协常委，连任第七、八、九届全国政协常委。他积极履行政治协商、民主监督、参政议政的职责，每次会议都提出议案。

个人著作

1.《心脏导管术的临床应用》，科学出版社1964年版。

2.《实用心脏病学》，上海科学技术出版社1983年版。

3.《心血管病鉴别诊断学》，安徽科学技术出版社1995年版。

4.《内科学》，人民卫生出版社1996年版。

5.《临床起死回生100例》，上海科学技术出版社1998年版。

6.《心血管病学理论和新技术》，上海科技教育出版社2000年版。

7.《实用内科学》，人民卫生出版社2005年版。

8.《心脏急重症监护治疗学》（合著），安徽科学技术出版社2008年版。

9.《中国心电信息学图解集成》，湖南科技出版社2010年版。

10.《高血压防治有高招》，上海科学技术出版社2018年版。

11.《冠心病》（第三版），中国医药科技出版社2021年版。

12.《心脏病学——心血管内科学教科书》，人民卫生出版社2022年版。

参考文献

1.陈达光：《评新版陈灏珠主编〈实用内科学〉"冠状动脉粥样硬化性心脏病"一章》，《高血压杂志》2001年第4期。

2.欧军林：《陈灏珠临床生涯二三事》，《中国处方药》2004年第6期。

3.李允德：《把毕生献给医学事业——记国际著名心脏病学专家、中国工程院院士陈灏珠教授》，《中国实用内科杂志》2005年第1期。

4.星岩：《陈灏珠》，金城出版社2008年版。

5.中国实用内科杂志编委会：《热烈庆祝陈灏珠院士从医执教65周年暨九十华诞》，《中国实用内科杂志》2013年第11期。

6.易蓉蓉：《"心脏病学之父"陈灏珠》，《大众科学》2014年第12期。

7.李卫国：《仁者医心——陈灏珠传》，中国科技技术出版社2017年版。

8.金学娟，陈超怡：《拓医学路逐中国梦——陈灏珠传》，复旦大学出版社2019年版。

9.冯翔慧：《"心脏病学之父"陈灏珠：突破创新，让生命的血脉畅通》，《中国科技产业》2019年第8期。

10.《蓬江名人略述》编委会编著：《蓬江名人略述》，中国华侨出版社2021年版。

（二十）陈炳权（1896—1991）

广东台山人。私立广州大学创办者，被誉为"中国统计学之父"。1919年，赴美留学。1924年5月，在哥伦比亚大学获得经济学硕士学位。受当时国内革命形势鼓舞，陈炳权怀着"教育救国"的理想，毅然回到祖国。时逢国立广东大学（即今中山大学）刚刚成立，校长邹鲁聘请陈炳权为该校教授，讲授统计、会计、银行等课程，后升任商学系主任。在此期间，陈炳权组建了中国统计学会，成为将统计科学引入中国的先行者之一。鉴于了解和同情贫苦学生想读书深造而没有机会进大学的苦衷，1926年，陈炳权筹办广东大学专修学院，自任院长。广东大学专修学院夜校办了半年，便因教育当局的旧观念而被迫停办，许多失学青年纷纷请求陈炳权等设校收容。1927年3月3日，陈炳权邀集广东教育界、经济界名流贤达，向远东银行经理李明德等借款500元以供私立广州大学正式建校开课。1931年11月28日，私立广州大学经国民政府政务委员会备案，成为登记在册的正规高等学校。抗战爆发后，陈炳权坚持"中华民国的大学之校印，以不离国土为原则"，先后在香港、韶关等地寻找校舍，以策安全。抗战胜利后，私立广州大学于1945年10月在广州东横街原校址复课。至1948年，私立广州大学及附属中小学、分校已有在校生1.4万余人，其中大学部有2800多人。私立广州大学还成立经济研究所，招收硕士研究生，成为当时私立高校中的佼佼者。1951年6月，私立广州大学与广州的国民大学、文化大学、广州法学院、南方商业专科学校等合并，改名为华南联合大学，私立广州大学至此完成了其历史使命。

个人著作

1.《经济论丛》，1939年。

2.《统计方法》，1947年。

3.《大学教育五十年：陈炳权回忆录》，香港南天书业公司1970年版。

参考文献

1.刘晓东：《中国当代经济科学学者辞典》，上海社会科学院出版社1992年版。

2.陈乔之：《港澳大百科全书》，花城出版社1993年版。

3.谭伯韶：《台山近百年诗选》，台山华侨书社1996年版。

4.何坎，刘气豪：《陈炳权教育思想简论》，载《广州大学学报》（综合版）1994年第3期。

5.张忠林，陈照平：《江门五邑名人辞典》，广东教育出版社2005年版。

6.王月华：《先生》（增订），中山大学出版社2018年版。

（二十一）雷瑞林（1910—1975）

广东台山人。运动员、体育教育家。青年时，为陈济棠治下空军驾驶员。1930年至1931年，任职于财政部缉私处。1931年，陈济棠麾下空军悉数前往南京，他转而入读国立中央大学体育系。1935年毕业，任洛阳航空军校体育主任、教官，为空军足球队教练。1936年，任职于重庆大学体育科。1939年，任四川省省立体育专科学校副教授，教授运动裁判法、排球训练法。兼任成都空军军士学校体育组长，1941年因病被撤职，病中失业达半年之久。后历任私立建国中学体育主任、成都市立中学体育主任、天府中学体育主任。1945年，任职于广东省立文理学院，教授公共体育，1946年任教授。同年，任职于中山大学体育系，教授足球、排球、体育教学法、裁判法等课程。不久后，即任广东省立体育专科学校校长。1949年，复任职于中山大学体育系。1952年，任华南工学院体育教研室主任。1953年，任广东省体委任竞赛科科长，筹备二沙头运动队集训。1958年起，历任广州体育学院教务长、副院长（主任）。1975年，因病去世。

参考文献

1.彭文余主编：《江大年鉴》，1933年。

2.上海新闻社编：《一九三三年之上海教育》，上海新闻社1934年版。

3.勤奋书局编辑所编：《全国足球名将录》，勤奋书局1936年版。

4.广州市地方志编纂委员会编：《广州市志·卷19·人物志》，广州出版社1996年版。

5.郑德涛主编:《广东学府志·高等中专教育卷》，广东高等教育出版社2001年版。

6.华南理工大学：《华南理工大学教授名录》，华南理工大学出版社2002年版。

7.胡瑞林：《暮年忆旧》，载冯克力主编：《老照片第89辑》，山东画报出版社2013年版。

8.黄蓉生，许增纮主编：《西南大学史·第1卷》，西南师范大学出版社2016年版。

（二十二）黄灼耀（1913—1987）

广东台山人。中共党员，文史学家。1937年毕业于广东省立勤勤大学文学系（原广州市市立师范学校），后任广东省立文学院史地系教授，讲授中国上古史、中国通史、国文。抗日战争全面爆发后随校迁至韶关，1944年又迁至罗定。1951年起，历任华南师范学院院务委员会委员、总务长、院办公室主任等职务。1958年至1986年任该校图书馆馆长，同时任广东省图书馆学会理事、副会长。在任期间，倡办广东省高等学校图书馆业务干部培训班和华南师范大学图书馆学专修科，担任广东省《岭南丛书》编委会主任委员、《广东省图书馆学刊》主编。1987年9月23日，因病逝世。《广东图书馆学刊》发表悼词："黄灼耀同志担任图书馆馆长以来，始终以高度的事业心和责任感，为图书馆的建设和发展，献出了后半生的全部精力。他倡导开办了广东省高等学校图书馆业务干部培训班和华南师范大学图书馆学专修科，为我省图书馆界培养了大批新生力量……他治学严谨，在繁快工作中仍坚持学术研究，撰写学术论文。"

个人著作

1.《夏殷周文化之汇流（上）》，《时代中国》1944年第9卷第4期。

2.《夏殷周文化之汇流（下）》，《时代中国》1944年第9卷第5期。

3.《连山大掌岭之徭人》，《文讯》1944年第5卷第1期。

4.《徭人的要歌堂节：广东、连山、大掌岭排、徭山实地调查录》，《风物志（重庆）》1944年第1期。

5.《秦代商人地位》，《新中华》1948年6第22期。

6.《秦史的新估价：三十六年十二月廿六日在本院历史学会讲》，《文理学院院刊》1948年第15期。

7.《秦人早期史迹初探》，《学术研究》1980年第6期。

8.《关于秦史若干问题的辨析》，《华南师院学报》1980第1期。

9.《论秦文化的渊源及其发展途径》，《华南师院学报》1981年第3期。

10.《县制的形成与发展》，《华南师院学报》1982年第4期。

11.《周代继承制度志疑》，《华南师范大学学报》1983年第3期。

12.《秦时岭南内陆交通路线探索》，《华南师范大学学报》1984年03期。

13.《谈关于邝露〈峤雅〉的一些问题》，《广东图书馆学刊》1984年第1期。

14.《秦代教育论说》，《华东师范大学学报》1985年第4期。

15.《方志著录小议》，《广东图书馆学刊》1986年第1期。

参考文献

1.《史地系概况》，《文理院刊》1943年第6期。

2.《黄灼耀先生新著"秦史概论"付印》，《文理学院院刊》1947年第12期。

3.罗定县政协文史组：《罗定文史资料第6辑》，罗定县政协文史组1984

年版。

4.《广东图书馆学会前副会长、华南师范大学图书馆前馆长黄灼耀同志逝世》,《广东图书馆学刊》1987年第3期。

5.朱建亮主编:《华南师范大学图书馆七十年史略(1933—2002)》,中国友谊出版公司2003年版。

6.程焕文主编:《广东图书馆学会40年》,中山大学出版社2003年版。

7.《广东省志》编纂委员会编:《广东省志(1979—2000)·社会科学卷》,方志出版社2014年版。

（二十三）黄翠芬（1921—2011）

　　广东台山人。微生物、免疫及遗传工程专家，中国工程院院士，军事医学科学院生物工程研究所原名誉所长、一级研究员、全军分子遗传重点实验室原主任。

　　1944年，从岭南大学毕业后到卫生实验院流行病微生物研究所工作。1948年，赴美留学。1949年，获得美国康奈尔大学理学硕士学位。1950年，与周廷冲先生一起回国，并到山东医学院工作。1954年，被调到中国军事医学科学院基础医学研究所工作，历任研究员、研究室主任等职，主要从事微生物致病机理及综合防治的研究。1960年，加入中国共产党。1962年至1979年，担任国防科学技术工业委员会第十三研究院副所长。1978年，在时任中华人民共和国国防科学技术工业委员会副主任钱学森的支持下，黄翠芬抽调近30人分赴北京和上海学习，并因陋就简办起了全军第一个分子遗传学研究室。1980年，前往美国国立卫生研究院肿瘤研究所分子遗传室进行客座研究，之后在美国罗氏药厂分子生物研究所进修。1984年，获得中央军委授予的"模范科技工作者"称号。同年，担任军事医学科学院生物工程研究所分子遗传中心主任、名誉所长。1996年，当选为中国工程院院士 。黄翠芬先后4次（1959年、1984年、1999年、2009年）登上天安门观礼台观看国庆大阅兵。其主要科研成就概述如下：20世纪50至60年代，研制成功四联创伤类毒素，高效甲、乙型肉毒类毒素和"354装置"；70年代，在国内率先采用分子生物学技术开展细菌毒素的结构与功能研究及基因工程疫苗研究，研制出高保护率的幼畜大肠菌腹泻预防基因工程疫苗及人用腹泻预防基因工程疫苗；80年代后，开展了基因工程多肽药物研究，首先在国内获得尿激酶原（Pro-UK）基因克隆及表达，并对人组织型纤溶酶原激活剂结构进行改造，提高其性能，是当前溶血栓特效的多肽药物；2000年后，开展分子肿瘤研究。2011年8月9日因病逝世，享年91岁。

个人著作

1.《细菌学（修订本）》，华东医务生活出版社1951年版。

2.《医学细菌分子生物学进展》，北京科学出版社1984年版。

3.《遗传工程理论与方法》，北京科学出版社1987年版。

参考文献

1.总后勤政治部组织部编：《模范科学工作者——黄翠芬》，总后勤政治部组织部1984年版。

2.总后勤部政治宣传部编：《女科学家黄翠芬》，解放军出版社1985年版。

3.窦红梅，窦孝鹏：《十年厄运 十年辉煌——邓小平授予军事医学科学家黄翠芬"模范科学工作者"称号》，《炎黄春秋》1992年第5期。

4.刘伯安，杨林：《分子遗传学家黄翠芬研究员》，《人民军医药学专刊》1998年第1期。

5.刘铭：《冲击新顶点——记中国工程院黄翠芬院士》，《金秋科苑》

2000年第5期。

6.马铬：《解译院士伉俪的人生密码》，解放军文艺出版社2000年版。

7.吴葆杰：《中国工程院院士——黄翠芬教授》，《中国生化药物杂志》2005年第4期。

8.杨晓：《黄翠芬》，《遗传》2010年第3期。

9.黄培堂：《纪念黄翠芬院士从事科研工作六十年暨九十年华诞》，军事医学科学出版社2010年版。

10.丁滨：《黄翠芬：血汗洒在自己的国土上》，《中国卫生人才》2013年第7期。

（二十四）许民辉（1890—1961）

祖籍广东开平，出生于广州海珠。运动员、教练、体育教育家，创办广东体育专科学校。1904年，就读于广州南武学堂（现南武中学），热爱体育，擅长田径、足球。1910年，参加第一届全运会田径比赛，成绩优异。1913年，参加第一届远东运动会田径比赛、足球比赛、排球表演赛，获440码竞走第三名及1英里接力赛第二名。比赛归国后，与丘纪祥等在南武学堂及其家乡大力推广排球活动。1914年，组织并参与了首届广州中学生排球比赛。后被保送入读上海中华基督教青年会体育专门学校，毕业后，任广州青年会体育干事，兼任国立广东高等师范学院教员。1915年、1917年，先后参加第二、三届远东运动会排球赛，获冠军。1920年，发明"低网排球"，编制《低网排球规则》，促进了女子排球运动的开展。1923年，获公费保送资格赴美国留学，先后于芝加哥青年会大学、斯普林菲尔学院（春田大学）攻读体育，获体育硕士学位，为我国最早获体育硕士学位的留学生。1925年，任东吴大学体育科主任。1931年起，先后任北平师范大学、清华大学、东南大学、东北大学等校体育教授。1933年，任广东省教育厅体育督学，兼任广东省民众实验区主任，创办《民众体育季刊》，推动了广东省体育活动的发展。著《排球讲义》一书，为中国早期排球运动的发展与研究奠定了理论基础。1935年，创办广东省体育专科学校并任校长。1936年，作为中国体育考察团成员前往柏林奥运会参观学习，并考察东欧各国体育事业。1940年，任教育部国民体育委员会专任委员，兼教育部体育行政人员讲习所教导主任。1941年，任香港真中女子中学校董。1948年，任游泳队教练参赛第14届伦敦奥运会。新中国成立前夕，他到新加坡和中国香港的基督教会出任牧师。1954年后，连续当选为第一、二、三届全国人民代表大会代表。1961年，病逝于香港。

个人著作

1.《体育教授法大纲（附图）》，《体育》1929年第1卷第5期。

2.《足球：远东会中华足球失败原因》，载中华全国体育协进会编：《中华代表团参加第九届远东运动会特刊》，1930年。

3.《篮球：第一次中日篮球赛》，载中华全国体育协进会编：《中华代表团参加第九届远东运动会特刊》，1930年。

4.《排球发球训练法（附图）》，《体育》1931年第2卷第1期。

5.《排球发球训练法（本区的使命）》，《民众体育季刊》1933年第1卷第1期。

6.《希望于白虹田径队者》，《白虹（上海1931）》1933年第2期。

7.《分组的研究（附表）》，《民众体育季刊》1934年第1卷第3期。

8.《理想的体育领袖》，《勤奋体育月报》1935年第2卷第5期。

9.《勤奋体育评坛：体育的目的》，《勤奋体育月报》1937年第4卷第6期。

参考文献

1.中华续行委办会编订：《中华基督教会年鉴（第3期）》，商务印书馆1916年版。

2.民国二十二年全国运动大会筹备委员会编：《第五届全国运动大会总报告》，中华书局1934年版。

3.崔通约：《沧海生平（中华民国开国史之亲历）》，沧海出版社1935年版。

4.《广东全省第四次教育会议议决案:初级中学各科教学纲要》，商务印书馆1935年版。

5.勤奋书局编辑所编：《全国足球名将录》，勤奋书局1936年版。

6.中华全国体育协进会编：《出席第十一届世界运动会中华代表团报告》，中华全国体育协进会1937年版。

7.李洲编：《考察东欧各国体育实施报告》，1937年。

8.北平清华大学编：《清华同学录》，1937年。

9.周家骐主编：《上海足球》，业余周报社1945年版。

（二十五）张云（1896—1958）

广东开平人。天文学家。1906年，在广州上学。1913年，入读武昌高等师范学校。1917年卒业后去了菲律宾，在怡朗华侨商业学校当校长。1919年，回国在广东省立女子学校任教。1920年，考取了公费留法，成为庚子赔款送出去的留学生。一开始先到中法大学，在那里获得理科硕士学位之后，又到里昂大学获得了天文学的博士学位。在1926年回国前，他还去了英国剑桥，列席了在那里举行的国际天文学会第二届大会。1927年回国后在中山大学任教。

在张云教授的不懈努力下，国立中山大学天文台于1927年2月在中大校内理学院附近（今越秀中路125号大院）兴建，并于1929年6月竣工。在此前，中国高校没有天文台，中山大学天文台便成了全国高校的首创。在中山大学开创和发展天文学教学与科研事业，是张云的主要贡献之一。他在中山大学（也是全国）初次开设了门类齐全的天文课程，并担任天文学的主课，编著了《普通天文学》、《高等天文学》等教材，为国内的天文学教育打下了基础。鉴于其在天文学方面的贡献，1935年，张云当选为中央研究院首届41位评议员之一。1941年7月，张云教授被任命为国立中山大学代理校长（此前他担任中山大学教务长）。1947年其应邀去美国讲学。他先是协助张钰哲发现了一颗新的食双星，接着在当年年底又发现一颗位于鹿豹座南端的新变星，即德雷伯星表第25878号星。1948年6月，时任校长王星拱先生因病辞职，教育部提请行政院任命张云为国立中山大学校长。当时张云还在国外，教育部提请由陈可忠代理。同年10月，张云回国后便辞去校长职务，陈可忠继任校长。1949年6月，陈可忠辞去校长职务，由张云继任。至10月广州解放前夕，张云迁居香港。此后，张云一直在香港工作、生活。期间，他关心新中国的建设事业，并且做了一些有益于革命的事情。1949年7月23日凌晨，反动军警突然包围中山大学，逮捕了150多名进步学生，制造了"七二三事件"，100多名中大学生被逮捕。当时地下党通过张云的女儿张剑美做工作，让张云出面营救一些学生骨干。张云确实出面作保，到监狱保释了几十位革命青年。1949年10月之后，张云一直在香港定居，居于九龙荃湾依月山庄，潜心撰写科普著作，并曾在珠海学院、浸会书院执教。1958年去世。

参考文献

1.吴美霞：《中国天文学会简述》，《中国科技史料》1989年第3期。

2.郑照魁，陈园园：《天文学家张云的五个W》，《南方日报》2011年9月1日。

3.刘心霈，吕凌峰：《中山大学天文台的创建、发展与历史贡献》，《中国科技史杂志》2015年第1期。

4.吴土工：《中国天文学界的巨星——张云》，《岭南文史》2016年第2期。

5.周川：《中国近现代高等教育人物辞典》，福建教育出版社2018年版。

（二十六）吴尚时（1904—1947）

广东开平人。地理学家、教育家。1913年，随父亲到广州，就读于父亲供职的广东高等师范学校附属小学，毕业后就读于附中。1928年，毕业于中山大学英语系。1929年，考取公费留学。到达法国后在里昂大学地理系学习，师从A·阿里克斯教授。1932年，转到法国南部格朗劳布大学，跟随R·布朗夏尔教授学习水文学。6年留学期间，其足迹几及整个欧洲。1933年，在里昂向法国地理界做关于中国古代地理学家邹衍的地理贡献及其科学研究方法的学术报告，广受欢迎。1935年，受聘中山大学地理系，首开《读图》课程。当年和第二年，他多次深入西江、北江和连江做实地考察和现场分析，发现肇庆羚羊旱峡为西江所凿，由此形成称誉一时的吴氏旱谷理论。1937年5月20日，以《十公尺海蚀台地之发现》为题，用中、法两种文字发表在《中山大学日报》上，确立了关于华南海岸上升的科学论断。1939年，随中山大学迁往云南，并在其间发表关于云南地区地理地貌的多篇论文。同年7月，任中山大学地理系主任。1940年年底，回广东东昌坪石（因中山大学迁至此），生活到抗战胜利。期间，开展红色岩系地貌研究，并取得丰硕成果。吴尚时翻译了M·巴台尔的《江河之水文》，由上海商务印书馆刊行，约13.5万字。该译著是中国翻译界出版水文地理学的专著，也是中国地理学界和翻译法文专著的第一本书。1941年，开始确立"珠江三角洲"地理学说，首次提出"广花平原"的名称。同年，加入广东省年鉴编辑委员会，任地理学委员。其撰写的《广东省之地形》，成为中国最早的区域气候专论，同时他亦是对广东进行区域性气候研究的第一人。1943年，受聘为广东省政府参议，又受聘为教育部史地教育委员会委员。1944年，与曾昭璇合撰《雷州半岛》一文，提出"湛江组""北海组"等创见。其与何大章合撰的《广东省之气候》由武昌亚新地学社刊行，是中国第一部大区域气候专著。抗战胜利之后，中山大学迁回广州，吴尚时辞去系主任职务，任教岭南大学。由于日夜操劳，疾时发，并发肝病，于1947年9月21日逝世。

个人著作

1.《十公尺海蚀台地之发现》，《中山大学日报》1937年5月20日。

2.《广东省之气候》，武昌亚新地学社1944年版。

3.《广州市白云山东麓地形之研究》，《自然科学》1934年第2期。

4.《广东羚羊峡及羚羊旱峡地形之研究》，《自然科学》1937年第6期。

5.《广州附近地形研究》，《地理集刊》1937年第1期。

6.《广东南路之地形》，《地理集刊》1940年第5期。

7.《珠江三角洲》，《岭南学报》1947年第8卷第1期。

8.《广州市北山区北郊地理》（英文），《岭南学报》1948年第9卷第1期。

译作

1.M.Parde：《森林与河流》，《自然科学》1935年第4期。

2.M.Parde：《江河之水文》，商务印书馆1940年版。

参考文献

1.罗开富：《吴尚时先生行述》，《地理学报》1947年第Z1期。

2.司徒尚纪：《吴尚时》，广东人民出版社1995年版。

3.黄伟达：《纪念吾师吴尚时教授》，《热带地貌》1983年第2期。

4.何大章：《广东省地理学会举行地理学家吴尚时诞辰80周年纪念座谈会》，《地理学报》1984年第4期。

5.广东省地理学会编：《华南地理文献选集》（吴尚时教授诞辰80周年学术纪念专号），科学普及出版社广东分社1985年版。

6.司徒尚纪：《吴尚时与近代地理学在华南》，《岭南文史》1992年第1期。

7.司徒尚纪：《吴尚时教授——华南近代地理学研究的先驱》，《地理学与国土研究》1992年第2期。

8.陈吉余，吴超羽，司徒尚纪：《吴尚时对中国近代地理学的贡献与学术思想探讨》，《地理学报》2017年第7期。

9.张敏敏，田广增：《岭南地理教育先行者 粤北地理科考奠基人——记地理大师吴尚时先生》，《韶关学院学报》2020年第8期。

（二十七）张巨伯（1892—1951）

　　广东鹤山人。著名农业昆虫学家、农业教育家。原名钜伯，别号归农，出身于农民家庭。1904年，随堂兄至日本横滨就读于华侨所办的大同学校。1908年，随父亲至美国，入读中学。1912年，入美国俄亥俄州立大学农学院，先后获农学学士、昆虫学硕士学位。1917年毕业即回国，次年先后任职于岭南大学、南京高等师范学堂，创设昆虫学课程，兼任病虫害系主任，为中国最早讲授昆虫学的学者之一。1921年，改任国立东南大学病虫害系主任兼昆虫学教授。1922年，任江苏昆虫局技师。1923年，至广东公立农业专门学校交换一年，兼任中山大学农学院教授。1924年，复任国立东南大学教授，同年在南京发起成立中国最早的昆虫学术团体"六足学会"，1927年改名为"中国昆虫学会"，其任该会会长。1928年，任江苏省昆虫局局长兼主任技师，兼任国立中央大学和金陵大学农学院教授、昆虫学组主任。1932年，任浙江省昆虫局局长兼总技师，建立了当时国内规模最大的昆虫标本室，创建了中国首种植物保护期刊《昆虫与植病》。1936年，任中山大学教授，兼职于广东省农林局。1939年，随中山大学农学院迁往云南澄江。1940年秋，随校迁至湖南宜章栗源堡。1942年，任中山大学农学院院长。1948年，任中山大学农学院病虫害系首任系主任，兼任广东文理学院教授、生物系代主任。1951年，因病逝世。中山大学将他葬于石牌校区旋螺岗，时任校长许崇清为其撰写墓志铭，"维我教授，雍穆其仪。品端学粹，不愧人师。

乐育英才，斐然可纪。防除害虫，惟民之利。岂徒能言，亦著于行。卅载尽瘁，遗兹典型。旋螺之岗，惟先生藏。尊师敬业，铭以石章。缅怀令德，中心孔伤。今其已矣，何日而忘！"

个人著作

1.《棉尺蠖研究》，《东南大学学报》1923年第2期。

2.《研究棉虫之成绩》，《实业浅说》1924年第299期。

3.《研究棉虫之成绩（续）（附表）》，《实业浅说》1924年第301期。

4.《研究棉虫之成绩（续）》，《实业浅说》1924年第302期。

5.《民国十七及十八年之苏省治蝗工作》，《中华农学会报》1930年第74期。

6.《来论：饲育秋蚕之先决问题》，《农业周报》1931年第1卷第21期。

7.《浙江省昆虫局一周重要工作报告》，《中华农学会报》1932年第107期。

8.《民国二十一年研究部工作概述（附表）》，《浙江省昆虫局年刊》1933年第2期。

9.《两种重要之国产杀虫药剂》，《科学的中国》1933年第1期。

10.《两种重要国产杀虫药剂》，《昆虫与植病》1933年第1卷第10期。

11.《昆虫丛谈（一）（附照片、图）》，《科学画报》1933第1卷第10期。

12.《民国二十二年浙江省虫害之发生及防治概况》，浙江省昆虫局1933年版。

13.《浙江省之几种重要棉作害虫》，《浙江省昆虫局特刊》1933年第

19期。

14.《本年浙江省害虫之发生及防治概况》，《浙江省昆虫局特刊》1933年第18期。

15.《浙江省之几种重要棉作害虫》，《新农村》1933年第1卷第3期。

16.《民国二十一年本省稻虫调查（附表）》，《新农村》1933年第1卷第1期。

17.《函各县治虫专员数事》，《昆虫与植病》1933年第1卷第26期。

18.《本年浙江省害虫之发生及防治概况》，《中华农学会报》1933年第118期。

19.《省昆虫局一年来之回顾及前瞻》，《浙江省建设月刊》1933年第6卷第12期。

20.《浙江省病虫害之严重与省昆虫局之工作（三月二六日在建设厅总理纪念周报告）》，《昆虫与植病》1934年第2卷第13期。

21.《敬告研究农学者（为农学会二三年年会作）》，《昆虫与植病》1934年第2卷第20期。

22.《为中国科学家进一言（为中国科学社第十九届年会作）》，《昆虫与植病》1934年第2卷第23期。

23.《昆虫丛谈（二）（续）（附图）》，《科学画报》1934年第1卷第12期。

24.《昆虫丛谈（三）（续）（附图）》，《科学画报》1934年第1卷第13期。

25.《昆虫丛谈（四）（续）（附图）》，《科学画报》1934年第1卷第14期。

26.《昆虫丛谈（五）（附图）》，《科学画报》1934年第1卷第15期。

27.《昆虫丛谈（六）（附图）》，《科学画报》1934年第1卷第17期。

28.《昆虫丛谈（七）（附图）》，《科学画报》1934年第1卷第18期。

29.《昆虫丛谈（八）（附图）》，《科学画报》1934年第1卷第19期。

30.《昆虫丛谈（九）（附图）》，《科学画报》1934年第1卷第20期。

31.《昆虫丛谈（十）（附图）》，《科学画报》1934年第1卷第21期。

32.《昆虫丛谈（十一）（附图）》，《科学画报》1934年第1卷第22期。

33.《昆虫丛谈（十二）（附图）》，《科学画报》1934年第1卷第23期。

34.《昆虫丛谈（十三）（附图、照片）》，《科学画报》第1卷1934年第24期。

35.《昆虫丛谈（十四）（附图表）》，《科学画报》1934年第2卷第1期。

36.《昆虫丛谈（十五）：昆虫之行为（附照片）》，《科学画报》1934年第2卷第2期。

37.《昆虫丛谈（十六）（附图）》，《科学画报》1934年第2卷第3期。

38.《浙省推进治虫工作方案》，《新农村》1935年第1卷第6期。

39.《浙江省治虫事业简史（附表）》，《浙江省建设月刊》1935年第9卷第3期。

40.《数种昆虫之神秘谈》，《昆虫与植病》1935年第3卷第13期。

41.《民国二十三年浙江省昆虫局研究部工作概述（附表）》，《浙江省昆虫局年刊》1935年第4期。

42.《医用昆虫学：五、研究医用昆虫学之成功者与牺牲者（附照片）》，《科学画报》1936年第3卷第11期。

43.《为害人类之昆虫一：蚊（续）（附图表、照片）》，《科学画报》

1936年第3卷第15期。

44.《为害人类之昆虫二：家蝇（附照片、图）》，《科学画报》1936年第3卷第16期。

45.《为害人类昆虫之二：家蝇（续）（附图）》，《科学画报》1936年第3卷第17期。

46.《为害人类之昆虫二：跳蚤（附图）》，《科学画报》1936年第3卷第18期。

47.《为害人类之昆虫之二：跳蚤（附图表、照片）》，《科学画报》1936年第3卷第19期。

48.《为害人类昆虫之四：虱类（附图）》，《科学画报》1936年第3卷第20期。

49.《为害人类之昆虫五：臭虫（附图、照片）》，《科学画报》1936年第3卷第21期。

50.《为害人类之昆虫六：白蛉子（附图、照片）》，《科学画报》1936年第22期。

51.《为害人类之昆虫七：蚋（附图、照片）》，《科学画报》1936年第3卷第23期。

52.《昆虫系过去工作概况及现在工作进行计划》，《昆虫问题》1936年第8期。

53.《浙江省历年之蝗患》，《浙江省建设月刊》1936年第9卷第8期。

54.《昆虫与建设：六月六日广州市广播电台通俗演讲》，《昆虫问题》1936年第6期。

55.《调查统计：广东省二十四年稻甘蔗及柑橘类虫害损失之估计（附

表）》,《农业建设》1937年第1卷第2期。

56.《为害家禽之昆虫一：鸡蛋（附图）》,《科学画报》1937年第4卷第15期。

57.《为害家禽之昆虫三：家禽壁虱（附图）》,《科学画报》1937年第4卷第16期。

58.《为害家畜之昆虫四：马蝇（附照片）》,《科学画报》1936年第4卷第10期。

59.《为害家畜之昆虫七：虱蝇（附图、照片）》,《科学画报》1937年第4卷第11期。

60.《为害家畜之昆虫第十一：吸血虱类（附图）》,《科学画报》1937年第4卷第12期。

61.《为害家畜之昆虫第十三：家畜恙虫（附照片、图）》,《科学画报》1937年第4卷第14期。

参考文献

1.《国立东南大学农科六年间概况》,1923年。

2.中国科学社编：《中国科学社北京年会纪事录（第十次年会）》,1925年。

3.《国立中央大学农学院》,1930年。

4.樊荫南编著：《当代中国名人录》,良友图书印刷公司1931年版。

5.浙江省昆虫局编：《浙江省昆虫局十年大事记》,1934年。

6.王云五,周建人主编：《昆虫的研究》,商务印书馆1937年版。

7.李凤荪，吴希澄：《蚊虫防治法》，商务印书馆1939年版。

8.李凤荪：《中国经济昆虫学》，成城出版社1940年版。

9.胡竟良：《中国棉产改进史》，商务印书馆1947年版。

10.李凤荪，马骏超：《中国棉作害虫》，中华书局1948年版。

三、保护与利用

27位学人中，有10位有故居介绍。在这10位学人中，有的故居保存状况一般，有的故居原貌已不存在，有的祖居未找到，仅赵善性、谭太冲与黄学勤的故居保存较好。现对三位学人的故居进行分析。

（一）赵善性故居

赵善性故居目前产权已出售，买家是赵善性的远方亲戚，并且已去世，买家的子女目前长居美国，因此房屋无人居住，由买家的亲戚看管，屋内平时仅堆放少量杂物。其故居现状结构完整，砖墙稳固，木质梁架无明显朽蛀，石质铺地砖基本完好。

建议将其补充登记为新会区不可移动文物点，以便文物部门更好地对其进行管理。

要想对其进行保护与利用，建议与现有业主的子女取得联系，并进行充分的沟通，向其说明赵善性其人的生平事迹，阐明宣传其经历的意义，并承诺在保护与利用该房屋的过程中，不改变其所有权归属，尊重业主权益，尽量保持房屋原有的风格面貌，以取得其理解与配合。

在现有业主子女同意的情况下，对赵善性故居进行保护，建议首先对房屋整体结构的稳定性再次进行评估，察看梁橡、墙体、屋面板、排水、窗户、砖雕、彩绘等部位的损坏程度，在经费允许的范围内，优先对影响房屋结构稳定、参观效果的部分进行维护。

对于其利用，建议结合房屋现有的庭院布局进行规划。考虑到安全性问题，不建议摆放较为珍贵的个人实物，可以主要采用图片展览的方式，介绍赵善性本人与其体育世家的情况，并可以适当对霞路村赵氏宗族（据该村族谱，赵为宋室宗亲之后）与古井镇历史作展示。

赵善性故居周边历史建筑资源较多，东联里有赵宗室亲臣赵公祠（耿光堂），建于清代，现为新会区文物保护单位，曾作为霞路小学校址，现在祠堂内仍有村内名人简介，这里也是一个很好的村史、人物的宣传场所。霞路村已入选广东省第五批古村落，村内巷落房屋规划有序，保存状况良好。赵善性故居与前述祠堂、村落可以组成很好的由点到面的参观路线。

霞路村自晚清民国以来涌现了各种人才，也有众多侨胞。对于这些名人，有条件者，建议在他们的故居外竖以标识牌，介绍其事迹，以与赵善性故居进行呼应，增强其文化氛围，提升该村的人文底蕴。

（二）谭太冲故居

谭太冲故居目前产权归其后人所有，交与同村人看管，其内部空置，保存状况一般，内墙体有潮湿发霉处，楼梯栏杆损毁，二楼和三楼天花板有水泥掉落，窗户防盗铁柱生锈，天井墙体生长杂草，室内地板有破碎，外墙体保存较好。

建议将其补充登记为台山市不可移动文物点，以便文物部门更好地对其进行管理。

要想对其进行保护与利用，建议与谭太冲后人取得联系，并进行充分的沟通，向其说明宣传谭太冲生平事迹的意义，并承诺在保护与利用该房屋的过程中，不改变其所有权归属，尊重业主权益，尽量保持房屋原有的风格面貌，以取得其理解与配合。

在取得其后人配合的情况下，对其进行保护，建议首先对房屋整体结构的稳定性再次进行评估，察看内外墙体、天花板、屋顶、地板、楼梯、天井、排水、窗户、砖雕、彩绘等部位的损坏程度，在经费允许的范围内，优先对影响房屋结构稳定、参观效果的部分进行维护。

对于其利用，建议结合房屋现有的二层楼房布局进行规划。考虑到安全性问题，不建议摆放较为珍贵的个人实物，建议暂不开放二楼，主要采用图片展览的方式，结合其个人著作，介绍谭太冲本人的情况，并可以适当对圆山墟的历史作展示。现房屋内仍有不少废弃的生活用品，也可以考虑对其生活场景进行复原展示。

谭太冲故居周边历史建筑资源较多，潮盛村口有两处清末时期的碉楼，即靖海楼与靖安楼，结构相似，风格一致，其中靖海楼被登记为不可移动文物点。村内民居建造整齐有序，与谭太冲故居风格、结构相似，多为西式洋楼建筑。故居可以与前述二者形成点、面结合的良好观感。

圆山村村内现还保存着完整的民国时期墟市与建筑群，码头也可以寻到踪迹，墟市在设计之初便有统一的规划，分为商业区与住宅区。其内的建筑群基本得到保存，多数已无人居住，部分建筑外立面有不同程度损毁。圆山墟是连接台城、开平乃至新会的水路中转点，在研究五邑地区漕运、商贸、墟镇发展上有着较为重要的作用，也与谭太冲在家乡的教育、文化活动上有着较为密切的联系。建议将圆山墟建筑群及码头纳入此次保护规划之中，对墟市中各建筑进行记录与测绘工作，对其的现状进行评估，在经费允许的范围内，优先保护其结构的完整性与完全性。

此外，圆山村昌蕃学校，又名友恭谭公祠，也被登记为不可移动文物点。华侨捐建，中西合璧，兼作学校与祠堂，有谭太冲题篆书"图书馆"三字，是谭太冲注重家乡文化、教育事业发展的佐证。现该学校空置，建议将其作为谭太冲及村内爱国爱乡华侨的宣传场所，展示他们早期艰苦奋斗的历程与重视教育的优良传统。展示可以复原学校上课的场景，以图片展的形式展现谭太冲及华侨的事迹。

（三）黄学勤故居

黄学勤故居产权目前属于其后人，其后人均长居美国，房屋现已无人居住，由其邻居代为看管。保存状况一般，木质梁架朽坏，墙壁潮湿发霉，楼梯松动，室内装饰部分被涂抹，地板有较多破碎。

建议将其补充登记为台山市不可移动文物点，以便文物部门更好地对其进行管理。

建议与黄学勤后人取得联系，进行沟通，向其说明宣传黄学勤生平事迹的意义，并承诺在保护与利用该房屋的过程中，不改变其所有权归属，尊重业主权益，尽量保持房屋原有的风格面貌，以取得其理解与配合。

在取得其后人配合的前提下对其进行保护，建议首先对房屋整体结构的稳定性再次进行评估，察看墙体、梁椽、屋面顶、地板、楼梯、排水、窗户、砖雕、彩绘等部位的损坏程度，在经费允许的范围内，优先对影响房屋结构稳定、参观效果的部分进行维护。

对于其利用，建议结合房屋现有的庭院布局进行规划。考虑到安全性问题，不建议摆放较为珍贵的个人实物，建议暂不开放阁楼，主要采用图片展览的方式，结合其个人著作，介绍黄学勤本人的情况，并可以适当对西村"博士村"情况进行展示。

黄学勤故居周边可关联的点较多，西村村口团防碉楼被登记为不可移动文物点，碉楼旁竖有一纪念碑，并有整面墙介绍本村抗日烈士的事迹。建议将碉楼作为展示西村抗日烈士事迹及推崇文化、重视教育的"博士村"情况的场所。

西村既是有名的"博士村",又可称为"烈士村"。不仅崇文重教的氛围浓厚,有"一家三博士""一家两代八博士"和"两巷三博士"的故事,可挖掘的文化资源丰富,又有十几位抗日战争时期牺牲烈士的事迹。建议围绕该村的双重身份进行挖掘与开发。对于知识分子与烈士的故居,有条件者,建议在其故居外竖以标识牌,介绍其事迹,以与黄学勤故居进行呼应,增强其文化氛围,提升该村的人文、历史底蕴。建议将该村作为本地区红色教育基地之一,加强对中小学生的爱国主义教育。

白沙镇是"华侨之乡""排球之乡""文教之乡",侨胞众多,整个镇的碉楼数量超过120幢,洋楼约2000幢,并保留有诸多名人故居。西村距离镇区仅2.5千米,有村道连通,交通便利。

黄学勤故居距离著名的世界文化遗产开平碉楼马降龙村的交通距离仅4千米,建议加大宣传,作为其旅游产业的一个辐射点。

四、相关人物访谈

在实地调研学人故居的过程中，调查组也联系到了赵善性、卫梓松、余蔚英的后人，并对他们进行了访谈。而没有联系到学人亲属的，调查组也广泛地与学人家乡的邻里、族人进行了交流，获得了一些有益的信息。

2020年4月10日、4月19日，调查组成员分别在新会与广州对赵善性的长子赵汝霖、第七子赵汝维进行了访谈，了解到了许多文献上未记载的信息：如赵善性父亲曾在广州海珠与江门长堤经商；赵善性原名赵善胜，并抚养大哥的女儿至成年；参加菲律宾远东运动会时需要自筹返程路费；工作勤奋，热爱体育，与子女聊天话题全是体育相关；他秉性善良，平易近人，主动帮助有困难的同事、学生，子女后代从事体育事业者也很多；还翻拍了一些他与其子女的老照片。

访谈赵善性长子赵汝霖

访谈赵善性第七子赵汝维

4月20日上午，调查组成员与卫梓松的侄子卫建平在广州见面。据他介绍，卫梓松逝世后他的3个子女也都相继被日本人杀害，只剩下夫人留在广州，一直在豪贤路居住，晚年独自生活，领取政府发放的抚恤金。家中曾有新中国发放的嘉奖令，可惜现已无法寻到。卫建平还补充了一些卫梓松牺牲的细节。

5月29日，调查组成员与余蔚英长子余昌明在微信上取得联系。余昌明讲述了余蔚英的祖父、父亲赴美做工的经历，并介绍了余蔚英的生平事迹，难能可贵的是，还提供了许多余蔚英及其亲人的珍贵照片，还原了许多历史片段。

另外，调查组成员还访谈了黄学勤家乡的中学校长黄在勤。据他介绍，黄学勤在抗日战争时将他的藏书从广州运回，其儿子曾就读于清华大学，后出国。而黄学勤在退休后也至美国纽约。黄在勤还向我们讲述了西村"博士村"的历史及该村抗日烈士的故事，并介绍了村中文人与烈士的故居所在。

访谈卫梓松侄子卫建平

访谈萃英中学校长黄在勤

在谭太冲的故居，该村村委会干部向调查组介绍了他房屋的内部布局及使用情况，并展示了同村与其结构相似房屋的现状，以及圆山墟码头、骑楼群的一些情况。

在朱勉躬故居，调查组先后与村长、其邻居及某中学教师进行了交谈，据他们介绍，其故居在抗战时期曾遭受破坏，后经其女儿朱小如维修。他们还向调查组展示了村中其他老屋的现状、名人情况及清朝末年流传下来的举人碑。村中的老人还回忆说曾见过朱勉躬手书，其擅长蝇头小楷，写字苍劲有力。

访谈朱勉躬邻居

在马杏修故居，据其族人、中学教师马卓荣介绍，白沙镇人民从1900年左右就开始从事排球运动，主要受在国外务工、经商的侨民影响，很多村都建有排球场，该村的球场在村西北边，现已废弃。马杏修的后代现在美国，其故居一半属其后人所有，一半属于其同房（宗族中同一分支）所有。

在温文光故居，调查组与其同村人温煜煜进行了沟通，知晓了其故居的基本情况，获得了其侄子温建忠的联系方式，并与其进行了电话交流，可惜他对温文光的情况也知之甚少。

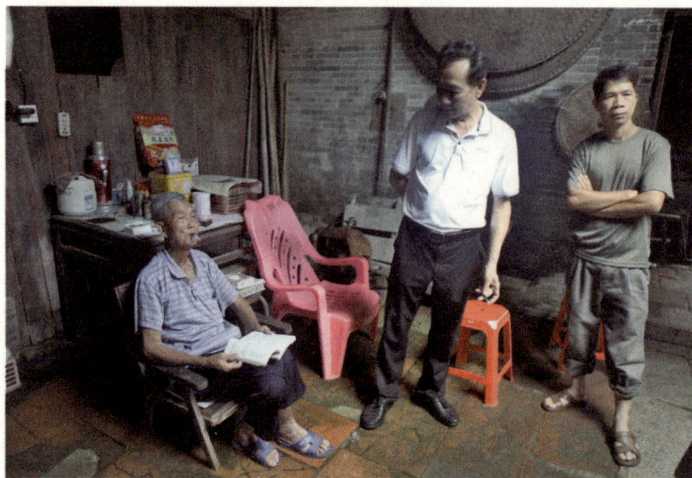

访谈温文光远房亲戚

通过对学人后人、邻里、族人、村贤进行访谈和交流，调查组对学人成长背景、生活轶事有了更多了解。相关访谈资料见附录。

五、结语

（一）江门学人精神

1.气节

学人多坚守文人气节与民族气节。1945年3月，坪石沦陷，卫梓松因病未能走脱，被日军俘获。日军欲利诱他投降，他保持了民族气节，坚决不为日军所利用，于3月20日服用大量安眠药自杀。

同时期，张巨伯在莲塘的住所遭到日军的数度劫掠，财物被抢掠，最后被一把火焚尽。他坚守中国文人的气节，与夫人担起竹篮、水桶与炉子在街上卖汤丸为生。而据张巨伯回忆，1917年，他于美国获硕士学位后，曾有美国公司欲高薪聘请他任该公司驻华经理，负责推销杀虫药剂等商品，张巨伯却予以回绝："我辛辛苦苦读了几年书，是预备为祖国服务的，想要我当买办，真是侮辱了我。"他也自取别号"归农"，名以明志。这既展示其身为中国知识分子的操守，也展示其出身农家的气节。

2.重教

朱勉躬注重家乡的教育。为报答侨胞捐助国民大学，1931年春，朱勉躬与赵鼎勋先生由广州回来，设筹备处于新会江门，创设国民大学附中江门分校。

谭太冲也十分关心家乡的教育和文化事业的发展。他受聘台山华侨中学校董会董事，历任谭氏育英中学、昌蕃学校的董事长，经常回乡举行教务工作。1924年由华侨在其家乡捐建的昌蕃学校，既是祠堂，也作学校校址，体现了五邑地区侨民普遍重视教育的思想。

黄学勤家乡走出的博士有42位，硕士有13位，有就读于原子能、电子、化学、医学专业的，也有就读于文学、法律、经济学等专业的，更有"一家三博士""一家两代八博士"和"两巷三博士"的美谈，是名副其实的"博士村"。一个村内能孕育如此多知识分子，与其崇文重教的氛围有着密切的关系。而黄学勤既是此种传统的受益者，也是这种思想的传承者。

3.爱乡

朱化雨和卫梓松均为海外出生、成长。卫梓松殉难而亡。朱化雨一直积极投身中国及海外华侨的教育事业，不仅专注于华侨教育的研究，抗日时期也积极撰文，动员华侨的爱国力量、呼吁国防教育的重要性，如《华侨总动员之重要性》《建军建国须建教》等。前文所述朱勉躬、谭太冲等人重视家乡教育，也是热爱家乡之体现。谭太冲于1956年促使侨刊《新宁杂志》复刊，撰写《复刊词》，回顾并肯定了杂志的历史作用，也担任侨刊《台山光裕月刊》的经理，这些杂志都为沟通台山与海外华侨起到了积极作用，是谭太冲爱乡之一例。张巨伯在回答"为什么选择昆虫专业"之问时表示："昆虫占动物界四分之三，研究它有益于人类。我国地大物博，农林害虫种类繁多，危害损失至重，做好害虫防治，有利于农业生产，是最好的服务。"此种为国为家献身的情怀，是爱国爱乡的最好注脚。卢干东生前留下遗言："身后不举行追悼会，不向遗体告别，将我的骨灰撒向珠江河畔。"落叶归根之情，也是朴素的思乡之情。

14位留学海外的江门学人全部选择了归国报效，此种感情，既是爱国之情，亦是爱乡之感，虽未直言，但他们已经以实际行动表明了自身的特性。

（二）后续工作

经过一阶段的工作，调查组初步掌握了部分江门学人的生平及故居情况，并进行了记录。目前，对学人故居及周边文物资源进行数字化、影像化记录的工作仍在进行。同时，课题组已与相关机构合作，拟挑选谭太冲、黄学勤等文化及文物资源丰富的学人的家乡，进行纪录片拍摄、历史场景复原、数字化资源建设等工作，以期用多种方式对学人进行全方位展示。

目前掌握的江门籍学人的信息仍只是冰山一角，对他们的文献整理工作仍要继续进行。同时，也要拓宽思路，开辟渠道，以各种方式复原学人的生平、探寻学人的事迹。同时，在对27名江门籍学人进行研究的过程中，调查组发现,从江门地区走出的学人数量众多,经过初步的文献梳理,目前已发现有近百名。在下一阶段的工作中,拟对这些学人的生平进行考证,对他们的故居进行调研,以在更大范围内对江门籍学人这一群体形成更为深入、整体的认识,探索其在学术成就、历史地位、文化价值等方面的意义。

附录

（一）访谈记录

1.赵善性后人

2020年4月10日下午，访谈进行得十分顺利。赵汝霖一家都十分热情，不仅知无不言，而且还积极地为我们寻找珍贵的老照片。赵汝霖已经九十多岁，但精力仍然很充沛，思维清晰，言语流利，听力也尚可。

朱柯：赵老先生您好，今天过来打扰了。可以先请您介绍一下您父母及兄弟姊妹的基本情况吗？

赵汝霖：你们好，欢迎来做客。我兄弟姊妹总共十个人，五个弟弟，四个妹妹，我是老大。我读到大学三年级就参军入伍了空军，去了牡丹江当候补的飞行员，后来就一直在部队，跟父亲分别的时候多，见面的时候少，对他的一些事情也不是很了解。

朱柯：您还记得有关赵善性先生的事情吗？

赵汝霖：我跟父亲待在一起的时间不多。我是1927年出生的，我记得我父亲有一张照片是拿着一个篮球，上面写的日期就是1927年4月，就是我出生的时候。我小时候是在新会和江门读书的，父亲那时就在广州中山大学当老师了。日本人来了以后，父亲跟着中山大学去了韶关，我跟母亲就待在新会。日本人投降以后，他就把我和母亲接去广州了。

朱柯：您还记得从韶关回来以后，你们都住在哪里吗？

赵汝霖：从韶关回广州以后，我们先住在西关多宝路，后来到中大附中的中斋，那里是中山几路我已经忘了。再后来就到中山大学的石牌，在老图书馆旁边临时搭了平房住。1951年我就参军去了牡丹江。后来我就只是偶尔回来，记得"文革"前我父亲是在华南工学院，住在一栋旋转式楼梯的小二层楼房里面，"文革"的时候，他就被下放到了韶关。"文革"结束以后，他就住在我妹妹赵锦清家，直到去世。锦清的女儿张清也是华工体育系的教师，现在可能是副教授了，她是北京体育学院毕业的。锦清是游泳健将、国家一级游泳运动员，曾陪毛主席横渡过长江。她的老公好像是广东省游泳委员会的领导。

赵卫红（赵汝霖女儿）：姑父好像是叫张天辉，也是搞游泳的。

朱柯：您记得霞路村的那个房子是什么时候建的吗？

赵汝霖：这个就不知道了，我父亲小的时候就有了，应该是我阿爷建的吧。

朱柯：您还记得您阿爷阿婆和您父亲的兄弟姊妹们的情况吗？

赵汝霖：我阿爷是码头上做咸鱼生意的，就是江门长堤，那时候他有三间商铺出租，现在的青年旅行社当时他也有股份。那时候他是很有家产的，我的三叔、四叔都不做工，靠阿爷养活。只有七叔最苦，在码头上做苦力，是搬运工。我的大伯去世得早，他留下一个女儿赵平，是我父亲养大的，所以赵平跟我们的关系也比较近。我经历了两次破产，第二次是日本人快要投降的时候，他（赵善性）可能年纪大了，把店铺都卖了，换了日本人的钱，结果日本人一投降，他的钱都成了废纸。所以新中国成立以后他的成分被定成了城市小商小贩，相当于农村的贫下中农。这样我参加空军时的政审才能通过。

朱柯：您家里有赵善性先生的书信、手稿或者老照片能给我们看看吗？

赵汝霖：书信这些就都没有了，这些东西都没有保留了。我们两个老人也基本不在新会生活，先在牡丹江，后来去了山西大同，搬过了几次家，很多东西都没留下来。

冼文英（赵汝霖夫人）：我记得好像只有一些老照片了，我去找找。

在等待老人寻找照片的时候，我们又跟赵汝霖的女儿赵卫红、赵卫建进行了交流。

赵卫红：我们这个家族是很庞大的，你看看家谱上的人物关系，可能会清楚一点。我爷爷有兄弟姊妹八人，五个兄弟。我爸这一辈有十个兄弟姊妹，但是我们去北方比较早，跟其他的叔叔、姑姑联系没那么多。赵平是我爷爷养大的，跟我们的关系很密切。

接下来，赵卫红、赵卫建帮我们复印了一张家谱里的人物树状图，并为我们一一讲解了各人的情况。

朱柯：有了这张图就清晰多了，太感谢你们了。

赵卫红：应该是我们感谢你。

冼文英女士这时也陆续找出了一些赵汝霖及其兄弟姊妹的照片，我们一一进行了拍摄。

后来，又找出了赵善性母亲、赵善性本人及其妻子的照片，是之前在查找资料时没有见到的。赵汝霖先生精神也很好，又继续与我们交流。

赵汝霖：我的这个家族，可以说是体育世家。我父亲是中山大学体育系的教授，我是中山大学体育系的大学生，后来从部队转业去了大同的航空运动学校，也可以算是与体育有关。我的弟弟赵汝康，以前是广东省和八一队的手球队守门员、男女队教练员。我记得有一次聚会，来了好多女子，她们个个都身材高大。我的妹妹赵锦清，是国家一级游泳运动员，以前陪毛主席横渡过长江。她的老公张天辉也是搞游泳的，好像当过广东省游泳委员会的领导。

赵卫红：还有锦清姑妈的女儿张清，是北京体育大学毕业的，现在在华南理工大学体育系当副教授。还有一个赵汝维叔叔，以前当过广东体育馆的馆长。

朱柯：您记得您父亲有什么好朋友吗？

赵汝霖：这个我就记不清楚了，我跟父亲一起生活的时间也不长。就记得当时在中斋住的时候，朱志迪和梁质若是邻居，经常在一起的。

赵汝霖先生翻看着照片，不再说话。我们便不再打扰，结束了下午的访谈，告辞离开。

之后，赵卫红又与我们联系，告知了赵善性孙女张清、第七子赵汝维的联系方式。拨通了张清的电话以后，她表示自己对外公的事情并不了解，而他的女儿赵锦清又已去世，建议我们联系赵汝维。

4月19日下午，调查组在广州华南新城与赵善性的第七子赵汝维见面。下午有些炎热，我们将访谈的地址定在了小区内一个高尔夫俱乐部内。

与赵汝维先生互道寒暄后，我们便开始了访谈。

朱柯：可以先介绍一下您的情况吗？

赵汝维：我是1946年生人，是第七个儿子。我从小就受家庭氛围的影响，对体育活动感兴趣。我父亲每年有比赛时，都会带我去观看，他去负责比赛相关工作，我就跟着一群小朋友看别人比赛。家里那么多小孩，我是看过比赛最多的。我游泳、足球、篮球都还不错，但都是业余水平，还达不到我哥哥、姐姐那样专业运动员的水平。我退休前是天河游泳馆的馆长，这好像是1993年的事。那之前我在花县体委工作。我最开始在花县下乡当知青，当时乡镇也不知道我父亲是体育教授。有一次我父亲去花县看望我，正好大队有一场比赛，我父亲便指导了他们一次，他们也对他的讲授很感兴趣。那时起，地方的干部才知道我父亲原来是华工专门搞体育的教授。于是以后大队有什么比赛，他们都让我去参加。有一次花县的运动会，我代表大队参加了武术、游泳、篮球、排球等很多项目，所有的项目都不是很精通，但每样都会一点。后来花县有了游泳馆，就让我去那里工作了。直到1987年全运会，广州市体委把我调到了天河游泳馆，后来就当了馆长。

朱柯：您可以回忆一下赵善性先生的事情吗？

赵汝维：其实我跟他相处的时间也不是很久。我读书的时候住在家里，后来当了知青就去了花县，离开了家里。一直到1984年我父亲去世，我都在花县工作。我父亲其实原名叫赵善胜，他读培正中学的时候参加了基督教的青年会，有一个美国人说他的性格已经很好胜了，名字里面还有一个胜字，他就把名字改成了善性。当时家境也不是特别好，我爷爷最开始在广州河南①做生意，就是现在的珠江泳场附近，卖酱油、豆瓣酱这类的酱料，到日本人侵略的时候，产业被轰炸了，就回到了江门去。培正中学是基督教会办的学校，是不收钱的。我父亲从小就喜欢体育，中学的时候他的体育已经比较有名了。后来他就在中山大学体育系工作，新中国成立后院系调整，他又到华

---

① 指海珠区，因其位于珠江以南而得名。——编者注

南工学院体育教研室工作。"文革"期间被下放到韶关风湾的干校，负责放牛。他总共负责一百多头黄牛，我就很好奇他一个人怎么能看得住这么多牛，他说给牛准备了草料，他一吹哨子，黄牛就回来了，可能是当裁判久了更懂得吹哨。在华南工学院工作以后，我们住在广州，我父亲每天乘坐学校的班车上下班，到20世纪60年代工学院条件好了以后才搬到学校里面住。我记得那时是一栋三层小楼房，918路32号，何达元书记住在三楼，我们家住一楼和二楼，现在可能改成了阅览室。

父亲可以说是一个工作迷，平时在家里言语不多，跟我们聊天话题也全是体育、技术呀、规则呀。家里的小孩也很少管，性格温和，很少动怒，从不打骂小孩，也不强迫小孩子学习。他工作特别勤奋，在工学院的时候坚持集中训练，有时间就打球，吸引了很多学生观看。认真负责，经常在家里开会。

朱柯：还有其他值得回忆的事情吗？

赵汝维：我父亲可以说是人如其名，秉性善良，他平易近人，肯帮助人，朋友很多。有时候他看到别人生活困难了，就会主动借钱帮助，也不计较别人是否会还。只有一次他很生气，有个老师借钱了还写他的大字报。以前经常来往的有广州市体委的马先觉、岑炳湘、张军，工学院的武建章、廖君求、何达元、邱子祥等人。

我父亲也不好争名利。从韶关干校回来以后，原来住的三层小楼房已经被收走了，学院也没有分配房子，对此我父亲并不计较，而是住到了姐姐赵锦清家里。有朋友劝他向校领导反映情况，他说有地方住就可以了，有没有分配房子都无所谓的。

赵锦清是国家游泳队的一级运动队，退役以后去到湖北游泳队当教练，陪毛主席横渡过长江。她的丈夫张天辉曾是国家游泳队总教练，后来到广东省当游泳教练。他们那时候住在省体委。

我们家可以说是体育世家了，尤其是擅长游泳的比较多。还有赵敏仪，1965年从中山大学中文系毕业，以前也是华师游泳队的。

我父亲跟我讲过，现在条件好了。他当年被国民党政府派去参加菲律宾远东运动会的时候，去程的船票有经费，回程的时候就没钱了。所以前几天的比赛他还参加，后几天就见不到他的人了。为什么呢？他出去找菲律宾的爱国华侨捐赠路费了。当时他们组织排球队，找的都是台山、开平籍的码头工人或苦力，他们虽然没有经过专业的训练，但是比赛总能赢。后来父亲参加了第一届全运会，感叹与他当年参加远东运动会时的情况真是天差地别。

他1972年退休以后，也跟我在花县住了一段时间。他每天早上起来会打一套太极拳，之后就看报纸、喝茶，每天都会把家里打扫一遍。也经常偷了我的自行车出去花县周边，别人怕他年纪大了骑车摔跤，其实我是看到他骑车出去的。老人还是多动一动比较好。

到1983年左右，他就检查出了胰腺癌，12月进医院，动了手术以后就回家调养了。记得5月16日那天，我当时正在花县比赛，接到电话以后就马上赶回广州，他那天就去世了。

2.卫梓松后人

2020年4月20日上午，我们与卫梓松的侄子卫建平相约在烈士陵园见面。据他介绍，卫梓松逝世后他的三个子女也都相继被日本人杀害，只剩下夫人留在广州，一直在广州豪贤路的一栋平房内居住。他还是小孩子时经常去豪贤路的卫夫人家玩，记得墙壁上还挂有一张褒奖令，周总理还特别给予卫夫人抚恤金。

卫建平还补充了一些卫梓松牺牲的细节："日军占领坪石以后，想要劝降卫梓松，利用他实行"亲善"政策。他不答应，日本人就抓了他的儿子在他面前对其用刑。他大受刺激，当时又生着病，就谎称自己晚上睡不着觉，要求服用安眠药，在攒了一些安眠药以后，他就全部服下死去了。抗战胜利以后，民国政府还在广州中山纪念堂嘉奖烈士，他的夫人还专门上台去讲卫梓松的事迹。"可是我们到豪贤路时，原来的街区已经过改造，旧屋再也找不到踪影。我们到芳草社区去询问是否有档案可供查询时，对方也表示以前的资料没有存档，无法查阅。

3.黄学勤族人

白沙镇西村是远近闻名的"博士村"，黄在勤先生既是村里首位博士黄俊杰之孙，又曾为绍宪学校、萃英中学的校长，还是西村诗礼传家的守护者与传承人。黄先生虽然大病初愈，行动还不甚方便，但听说我们的意图后，仍欣然陪同我们走访了村内，并讲述了许多"博士村"及黄学勤的故事。

村口有一处团防碉楼，高五层，地下室一层。第三层有向外探出的围廊，顶上是两层的岗亭。可惜修复时未注意保护其原貌，将其外墙全部刷漆，并抹去了原来的题字。碉楼旁竖有一纪念碑，并有整面墙介绍本村抗日烈士的事迹。

进入西村大岭里，黄校长很快带我们找到了黄学勤的故居，由其后人托付村民看管。查看完其故居后，我们一行便在屋内听黄校长介绍他所知道的情况："黄学勤在我小时候就已经离开了家乡，家长向我提起他时就说是中山大学的英文教授。他的房子在土改的时候被收公，房子分给了两个贫下中农住，一人各分一半。这两户人家把他的藏书都变卖给了废品回收站，那些书据说是抗日战争的时候从广州运回来的。后来他就很少回西村了。听说他退休以后去了美国纽约。他的儿子是在清华大学读书，"文化大革命"的前一年毕业，先去了武汉钢铁厂，后来回到广州冶金设计院，最后听说也出国了。现在他的后人基本都不回来了，黄学勤很早就不在村里，我对他的了解也不多。"随后，黄校长又给我们讲述了"博士村"的由来："我爷爷是西村最早的博士，1924年从美国哥伦比亚大学取得博士学位后毕业。他幼年在墟里的学校接受启蒙，之后从广州广雅师院毕业后，就回到西村的绍宪小学做了8年校长。后来到美国半工半读，直到取得博士学位。回国后，当时的国民政府要员孙科安排他出任广东省民政厅粤中区巡察，他当时还是20世纪30年代广州的三大律师之一。"

我们边走边说，黄校长随手便给我们指道："这是暨南大学教授'实叔'的老屋，这是黄兆栋的旧房……"村中的往事在他心中仍旧洞然。他又接着介绍："我们村有句老话，'笔筒装米，也要教子读书'，读书人在村里的地位很高。我们绍宪学校培养出的博士有42位，硕士有13位，有做原子能、电子、化学、医学的，也有从事文学、法律、经济学等行业的。更传奇的是还有'一家三博士''一家两代八博士'和'两巷三博士'的美谈。和黄学勤同村的大岭里的黄国华，他的三个儿子都是加拿大学校毕业的博士，这就是'一家三博士'；还有和西村首位博士黄俊杰隔巷而住的两位哥伦比亚大学博士黄成业、黄朝晖。当时，他们三人都是学成归国的爱国俊才，为我村青年起了良好的模范作用，也为家乡发展做出了贡献。"

跟随黄校长的脚步，我们几乎走遍了半个大岭里村。村落房屋整齐有序，房与房之间风格接近。村子北靠百足山，南临大月池。村南临近大月池处有数栋洋楼，为中西合璧的建筑风格，造型优雅独特。

参观的间隙，黄校长夫人与我们闲谈："校长他对家乡有特别的感情，退休以后精力全都投入到'博士村'的研究里去了，以前村里来了人，都是找他。自从去年大病了一场后，现在要想出门也不容易了，老让别人接送也不方便。我就自己买了个代步车，刚拿到驾照，现在只有他出门的时候才开。你们找到校长算是找对人了。"

黄校长休息了一下，又提出要带我们去文阁参观。文阁位于大岭里以东约2千米处，是一座砖塔，六层高，白色外墙，塔上部朝南有"文阁"二字。黄校长称："建造文阁，就是为了让村里的学生都尊重知识。现在我们绍宪小学每年开学还是会到文阁前举行仪式，以示郑重。"

参观完文阁，时间也近中午，我们准备离开。在途经村口的时候，我们又到西村团防旁的烈士墙瞻仰了一次，了解到更多西村的抗日故事。1937年，村民自发组建了西村抗日自卫队，矢志保家卫国。1939年6月，西村在抗日烽火中成立了党支部，进行顽强的革命斗争。1941年9月24日、25日，西村抗日自卫大队在百足尾战斗中两次击退日军的进犯。此后，我党抗日骨干分子分赴新会、高明、鹤山、台山等游击区坚持斗争，一批英勇战士在保家卫国的斗争中牺牲。

4.余蔚英后人

在富美村村民余健行的帮助下，2020年5月29日，我们得到了余蔚英长子余昌明的微信，他现在身居美国纽约，与他的访谈均在社交软件上进行。

余昌明：朱柯你好，我可以提供余教授的一些文字资料、照片。

朱柯：余先生您好，可以首先介绍一下您的情况吗？

余昌明：我在培正小学读到五年级，六年级是1952年在华工农联合附小读的，初中在广州华师附中，1956年在岗顶附中上高中，大学在化工学院父亲所在的微生物工学专业。1963年父亲去世，因缺专业师资力量，我所在的微生物工学专业并到罐藏食品工学专业，我于1964年毕业。1950年到1952年，我们曾在新河浦美华北路18号住过，当时是借住的父亲学生的房子，是侨房，一共有两层，我们住一楼。1952年后，父亲从中大农学院调去华工，便住在五山教授区辽河路18号。我1964年从华工毕业后便分去南宁，在南宁罐头食品厂工作了23年。为了两个女儿，1987年我们便移民来美。在我曾祖父的子孙中，我家是最后一家来美的，我于2006年退休。

朱柯：我想了解一下余蔚英故居的情况。

余昌明：这座建筑物包括前座两层楼的翰屏家塾及后面用水泥钢筋建成的五层雕楼，是祖父五兄弟从美国寄钱回去建的。每层楼一间房，五兄弟一人一间。他们、父亲、我都没住过。我少年时，清明随祖母回乡扫墓，住过一两晚。

朱柯：这间屋的题字"翰屏家塾"，请问以前被用作过学校吗？

余昌明：应该被用作过学校，20世纪50年代曾借给村里的小学作校舍，也被用作个别老师的宿舍。从二楼通往碉楼有两道铁闸。前面的翰屏私塾由我的远房侄子余力子代管。

朱柯：您的祖父辈都是在美国的华侨吗？余蔚英先生是在美国长大的吗？

余昌明：据老一辈亲人讲，我的曾祖父先来美国，先后把他的五个兄弟及他的五个儿子（我的祖父辈）通过买"出世纸"（出生证明）的方式带来美国，后在纽约、波士顿、旧金山定居。

我父亲在家乡长大，初中就读于广雅中学。他后来去日本留学，在日本读高中、东京农业大学，后进入研究所，共12年。1937年回国后，在中山大学农学院农化系任教授。1952年，院系调整至华南工学院，任该校教授。1963年，于北京病逝，时年58岁。

朱柯：据"华南理工大学教授名录"介绍，余蔚英先生是1909年出生，请问是否是他们记载有误？

余昌明：我没有仔细考证。

朱柯：请问您的家族是否有家谱可供一阅？

余昌明：2003年我写过一份家谱。从余氏第32世（曾祖父的父亲）写起至37世。请给我些时间，整理后将资料发给你。我亦78岁了。

其后，余先生陆续发送了余蔚英先生及其亲人的照片，并对其一一讲解。

余昌明：曾祖母一直住在翰屏家塾，土改时被评为小土地出租者，我幼年回乡时见过她，听说她会打枪，土改时没收了几支长枪。她大约在20世纪50年代过世。祖父毓秀于1950年由美国回广州探亲并与兄弟等合照。祖母没有去美国，留在家乡照顾曾祖母。其他叔婆在新中国成立初期先后赴美团聚。

朱柯：请问您祖父是什么时候去的美国，在哪里工作，做什么职业？

余昌明：祖父的生平不详细，可能在一百年前，曾祖父把他带去美国的。据说几兄弟初到美国时先在马路边开个洗衣摊，用的熨斗是放木炭的那种。后来，几兄弟在纽约布朗士①开洗衣店，帮旅馆、餐馆洗烫床单等。当年店里已有不少设备，如熨烫机等。祖父于1963年在波士顿去世，一个表哥将

---

① 即布朗克斯区，后同。——编者注

他运回纽约葬于布朗士与皇后区之间的松柏坟场。我们刚来纽约时，清明都会去扫墓，包括几位叔公。曾祖父辈的几位老人都回到中国，并已经都去世了。有的葬在广州越秀山，当年都跟堂叔堂姑去拜山，有好多东西吃。有些高祖父辈，葬回了富美村。

朱柯：请问余蔚英先生读书的时候家境怎么样？

余昌明：不清楚，当然是他在美国的父亲及一个叔公支持他。从1945年到他去世前，日本的杂志由他的五叔从美国订阅，并由日本寄到广州。事隔70多年，在广州时，母亲多次搬家，所有藏书已散失。父亲小时候在富美村住，曾祖母有点地，或靠收租生活。在村里，还有两座泥屋，每座分左右两边，各有厨房、卧室一间。中间有大厅以作公用，有天井，共两座四套，分别为一、二、三、四房所使用，五叔公分有翰屏楼。各叔婆于新中国成立初到广州，后都去美国了，屋便空了。初时祖母去管理，抗战胜利前，祖母便跟着父亲生活，至1964年在广州去世。泥屋部分结构在这些年也崩塌了。当年年少，没从父亲口中知道上几代移民的历史，如今知情人都走了。当年我们太小，都来不及问父亲上两辈是怎样来美的。他在日本留学的经历，我们也知之甚少，母亲于2012年在美国逝世，也没从她那里知道多少。几十年前曾在雕楼找到一些父亲在日本的照片及其拍摄微生物的玻璃底片，应是父亲从日本运回家乡存放的，后来拿回广州，几经搬家都丢弃了。

余昌明：现在华工退休的姚汝华教授（应有88岁了），1952年第一届考入华工，1956年毕业留校后一直跟着父亲，不知父亲有没有告诉他在日本求学的经历。他是东莞人，留校后成为父亲的助教。当年我们住在五山辽河路18号，他常来家里与父亲会面，碰上晚饭必留下来吃饭。我如果找到他的电话就告诉你。父亲当年在中大农学院农化系的学生，只有陈连就（台山人）、袁振远两位跟着他到了华工，亦已去世。

余昌明：与你的交谈又勾起我的回忆。我1942年2月出生在坪石。听某前辈讲，1963年6月，父亲在北京友谊医院病逝前不断吐出"曲江栗源堡"几字，大概是抗战时农学院由广州迁往曲江（宜章）办学的这一段记忆极为深刻。

余昌明：我手上有关的资料基本就这些了，有些会有重复，请谅！如你收集整理完后，请给我数份，以便珍藏。谢谢！

（二）江门学人档案举例

表一　江门学人档案（赵善性）

姓名	赵善性	字		号		生卒年月	1902—1984
籍贯	新会	出生地	新会区古井镇霞路村	党派	无	住址	幼年时，住在新会区古井镇霞路村。新中国成立初期，居住在西堂北面的中斋。

家庭关系	父母	父亲赵卓琼，在江门长堤码头做咸鱼生意，早期家境殷实，并有三间商铺出租，并入股青年旅行社。经历了两次破产，到新中国成立后成分被定为城市小商小贩。 母亲林四多。
	配偶	李（瑞）金。
	兄弟姊妹	共八人，兄弟五人，赵善性行三，姊妹有名可查者仅一人。 大女、四女均无名，幺女赵巧逢。 老二，赵善榜，去世较早，留有一女赵平，由赵善性抚养成人。 老四，赵善炳。 老五，赵善启。 老七，赵善庆，码头搬运工。
	子女	共十人，六男四女。 大儿子，赵汝霖，1927年出生，幼年在霞路村读书，日军入侵后即辗转在广州、澳门、江门等地读书。抗战胜利后，赵善性从坪石返回广州，即将其接回广州。后入中山大学体育系就读，当时在中山大学附中内中斋居住。1951年，大三时即入伍为空军飞行员，参加抗美援朝，驻守牡丹江，从此与父亲分离，后转业至大同航空运动学校。夫人冼文英，南海人，同样为军人。育有二女，赵卫健、赵卫红。 二儿子，赵汝强，1930年出生。育有两子，长子赵坚在广东广播电视台工作，次子赵革现居澳大利亚。夫人赵素媛。 三儿子，赵汝康，在中山大学附中读书，曾任广东省八一手球队守门员、男女队教练员。育有一子赵坚。 女儿，赵锦清，国家一级游泳运动员，曾陪同毛泽东主席横渡长江。其丈夫张天辉曾为广东省游泳委员会领导。长女张清毕业于北京体育大学，现为华南理工大学体育系副教授。次女张慧。 儿子，赵汝维，曾任广东体育馆馆长。 另有儿子赵汝护、赵汝诚，女儿赵文芳、赵敏仪、赵萍。

社会关系	师	许民辉（许比赵大13岁，二者均为广州青年会成员，或许有交集。）
	友	马杏修，国家排球队初筹组时，赵推荐了广东排球教练马杏修为首任教练。 梁质若，赵体育系同事，抗战时期均迁至坪石。在抗日战争期间，学生读书不忘体育锻炼，在大村山上不规则的斜坡路上，举行过学校运动会，包括接力跑等，战时在粤北任教的赵善性和梁质若老师等人组织了比赛。 抗战胜利后，朱志迪、梁质若与赵善性均为中斋的邻居，关系密切。
	学生	
教育经历		赵从小喜爱体育运动，在广州培正中学读书时，便是学校排球、篮球、足球代表队的成员。 1923年读高中时，被选为广东省体育代表团成员参加全国运动会和远东运动会。 中学毕业后，应基督教会所办青年会的邀请任体育干事，开始涉足社会体育活动。
工作简介		被中山大学聘为体育指导员。 赵到中山大学后，即组织篮球、排球队，亲自执掌训练，使中山大学的各项体育运动十分活跃，特别是中大的排球、篮球队成为广州的支劲旅。当时，中山大学不少运动员代表国家和省、市参加全国运动会及远东运动会。1936年，在德国柏林举行的第十一届奥运会中，中山大学有2名学生被选为中国代表团成员参加比赛。 同时，他还应广东省体育协进会的邀请负责训练部工作。从1927年广东省第十届运动会起到1937年广东省第十四届运动会期间，赵均担任组织和裁判工作。广东省体育代表团参加民国时期全国第四届至第七届运动会时，赵均任领队或指导工作。 新中国成立后，赵继续负责中山大学的体育工作，并经常参加社会体育活动，特别是在排球方面，不遗余力地带动年轻一代，使广东省的排球水平不断提高，曾一度居全国领先地位。国家排球队初筹组时，赵推荐了广东排球教练马杏修为首任教练。 1952年，广州地区高等学校进行院系调整，赵被分配在华南工学院担任体育教授兼教研室主任。 1954年12月25日，广东省召开第一届体育工作者代表大会，赵为副主任。 1972年，赵退休。 1984年，赵在广州病逝，终年82岁。

续表

主要 事迹	新中国成立前，赵善性是第一批获得国家级排球裁判和游泳裁判两项荣誉的人中的一员。 1965年是广州击剑运动发展的鼎盛时期。广州体育馆业余体校教练赵善性，努力开展小学击剑运动，开辟小学击剑训练基地。盆福路、魁巷、洋深里小学的击剑活动开展得都很好。1966年春节，业余体校击剑班组成广州市体育轻骑队，由赵善性率领骑自行车到花县农村各乡访问表演，宣传击剑运动。
学术成就与 著作	
兴趣 爱好	
其他	据丛书《羊城后视镜》中谢昶所撰《我是"西堂仔"》一文回忆，1948年中山大学附中小型足球场上，曾进行过一场别开生面、非常精彩的足球赛，由中山大学元老队对中山大学附中校队，元老队有雷瑞林、赵善性等年已四五十岁的教授，下半场换上赵汝康守门，"父子守门，同场对阵"的场面一时成为美谈。

表二 江门学人档案（卢干东）

姓名	卢干东	字			号		生卒年月	1908—1992
籍贯	新会	出生地	可能为广州市黄埔区南岗村	党派	中共党员、民革中央团结委员	住址		
家庭关系		父母	父，曾为广东法政学堂校长（存疑），律师。 母，南海边的渔家之女。					
		配偶	谭藻芬，在法国里昂中法大学获法国语言文学学士学位，后又公费留学攻读政治经济学，1936年获里昂大学法学硕士学位，在校期间与卢干东相恋。					
		子女	女，卢允萍，武汉图书馆期刊部主任。					
社会关系		师						
		友						
		学生	中山大学法学院教授李启欣。					
教育经历			1923年，肄业于广州中学。 1929年，毕业于广东省立法科大学，获法学学士学位。 旋考入法国里昂大学法学院研究法学。1934年，获法学博士学位。					
工作简介			1935年，回国后，执教于国立广州中山大学法律系。同时，曾兼任私立广州法学院罗马法教授、院长。 1951年，任华南联合大学教授兼法学院院长。 1953年，院系调整后，先后任湖北大学、武汉大学法律系教授、法制史教研室主任、法语专业教授、法国语言文学系主任兼法国问题研究所所长。为民革湖北省委常委，《法国研究》主编。					
主要事迹			有关事迹，可以于2012年商务印书馆出版的《法律人生：孤寂的辉煌——外法史学人随笔》一书中寻找，其中一篇记述了外法史前辈学者卢干东先生的《回忆我的父亲卢干东先生》一文，由其女儿卢允萍撰写。					

学术成就与著作	他学识渊博，治学严谨，在法语语言文学和法律学方面有很深的造诣，著有《罗马法纲要》《劳工法》《国家与法通史纲要》《政治学说纲要》等。译著有《南斯拉夫社会主义联邦共和国新刑法》《罗马尼亚按照劳动质量给付报酬法的基本原则》等。
兴趣爱好	
其他	生前遗言："身后不举行追悼会，不向遗体告别，将我的骨灰撒向珠江河畔。"表现了共产党人的崇高思想境界。 《挽卢干东教授联》："博士东归，鸾凤双清，华夏教坛昭盛誉；文骖西去，弦歌辍响，岭南雅集缅龙头。"（谢健弘著《涵庐诗词联集》）

表三　江门学人档案（许民辉）

姓名	许民辉		字		号		生卒年月	1890—1961
籍贯	开平	出生地	广州市海珠区	党派	无	住址		
家庭关系	父母							
	配偶							
	子女							
社会关系	师							
	友		陈彦：首次为中国队夺得金牌的跳远冠军。 丘纪祥：在参加足球赛的同时一举获得了220码跑的季军。 两人与许民辉并称"南武三杰"。					
	学生		新中国成立后的第一任国家排球队教练马杏修、"八一"体工大队大队长黄烈、香港《文汇报》董事长梅文鼎、中山医科大学体育教研室主任陈瑞元教授、《武林》杂志名誉主编黄鉴衡、华南师大体育系教授林仲伟、广州体院体育系主任李立强等。					
教育经历			1904年，就读于广州南武学堂，现为南武中学。 1923年，被公费保送到美国留学，初入芝加哥青年会，后转斯普林菲尔学院（即春田大学）攻读体育，并获得了体育硕士学位，成为我国最早获得体育硕士学位的留学生。					
工作简介			1925年，任东吴大学体育科主任，曾任北平师大、清华大学、南京东南大学等校体育教授。 1933年，任广东省教育厅体育督学。 1935年，创办广东省体专并任校长。 1936年柏林奥运会时，他作为中国体育考察团成员前往参观学习，并考察了丹麦、奥地利、匈牙利、意大利等国的体育事业。 1940年赴重庆，任教育部国民体育委员会专任委员，兼教育部体育行政人员讲习所教导主任。 1948年，作为游泳队教练带队参加第十四届伦敦奥运会。后赴香港当了基督教青年会牧师。 1954年后，他曾连续当选为第一、二、三届全国人民代表大会代表。					

主要 事迹	与杰出的体育家、体育教育家马约翰齐名，有"北方马约翰、南方许民辉"之称。许民辉酷爱运动，擅长田径、足球，参加校内及省运会，均名列前茅。 1910年，许民辉被选为华南区田径选手，参加第一届全运会，在全国的赛场上崭露头角。 1913年，入选我国田径队、足球队并参加第一届远东运动会，获440码竞走第三名及1英里接力赛第二名，同时还参加了足球赛和排球表演赛，成为我国足球和排球运动的先驱。归国后，许民辉和丘纪祥等在南武学堂及其家乡大力推广排球活动。 1914年，许民辉组织了首届广州中学生排球比赛。在许、丘二人的推动下，排球运动在广东迅猛开展，很快成为一个时期内我国排球运动的中心。当时的国家排球队中，常有大半选手来自广东，而其他各地排球队中也都离不开广东选手，尤其是广东台山县的选手。因此，我国排球史上曾有"无台不成排"的说法。 1915年，许民辉作为中国男排的主力再次出征第二届远东运动会，一举夺得了冠军，中国男排开始了称霸远东各国的辉煌历程。在1915年至1934年间的9届远东运动会上，中国男排曾5次荣获冠军，其中，在第三届远东运动会上许民辉仍是中国排球队的主力，并再次夺冠。 1920年，许民辉在率先发明了"低网排球"之后，由广州基督教青年会协助完成了《低网排球规则》的编制工作。许民辉发明的"低网排球"，极大地促进了广东省女子排球运动的全面开展。 1933年，许民辉还结合自己多年的实践经验写成了《排球讲义》一书，该书为中国早期排球运动的发展与研究奠定了理论基础。 许民辉毕生致力体育教育事业，他治学严谨，培养了大批体育专门人才。
学术成就 与著作	1933年，许民辉结合自己多年的实践经验写成了《排球讲义》一书，该书为中国早期排球运动的发展与研究奠定了理论基础。
兴趣爱好	

其他	现代体育运动传入中国，与基督教在中国的传播密切相关。在20世纪初，中国沿海的一些大中城市纷纷成立了不少教会学校，如在广州就有培正、真光、培英等学校，开始推广体育教育，而一些教会组织的成员如基督教青年会等也在社会上开展群众性的体育活动，比如1910年中国的第一次全运会便是基督教青年会（其体育干事艾司诺博士是主要组织者）组织的。许民辉从第一届远东运动会上载誉而归，正抱着积极推广排球的愿望，而此时他已是一名虔诚的基督教徒，很自然地便被邀请到广州基督教青年会体育部工作，协助美国人钟氏和胡理波开展体育活动。